성경

THE MYSTERY OF THE HOLY SPIRIT
by R.C. Sproul

Copyright © 1990 by R.C. Sproul
Originally published in English under the title: *The Mystery of the Holy Spirit*
published by Geanies House, Fearn, Tain Ross-shire IV 20 1TW, Scotland U.K.

All rights reserved.

Korean Edition published by Word of Life Press, Seoul 1995, 2014.
Translated and published by permission.
Printed in Korea.

성령

© 생명의말씀사 1995, 2014

1995년 7월 20일 1판 1쇄 발행
2003년 9월 25일   3쇄 발행
2014년 11월 25일 2판 1쇄 발행
2024년 3월 28일   4쇄 발행

펴낸이 | 김창영
펴낸곳 | 생명의말씀사

등록 | 1962. 1. 10. No.300-1962-1
주소 | 서울시 종로구 경희궁1길 6 (03176)
전화 | 02)738-6555(본사) · 02)3159-7979(영업)
팩스 | 02)739-3824(본사) · 080-022-8585(영업)

기획편집 | 신현정
디자인 | 최윤창
인쇄 | 예원프린팅
제본 | 보경문화사

ISBN 978-89-04-02076-8 (03230)

저작권자의 허락 없이 이 책의 일부 또는 전체를
무단 복제, 전재, 발췌하면 저작권법에 의해 처벌을 받습니다.

R. C. 스프로울 지음
김진우 옮김

생명의말씀사

목차

머리말 … 6

Chapter 1 | 성령, 그분은 누구신가 … 9
Chapter 2 | 성령은 하나님이다 … 21
Chapter 3 | 삼위일체의 신비를 밝히다 … 33
Chapter 4 | 하나님의 본질과 위격 … 54
Chapter 5 | 세상이 창조될 때 성령은 어디 계셨는가 … 79

Chapter 6 | 거듭날 때 성령은 무엇을 하시는가 … 97

Chapter 7 | 칭의와 성화, 그리고 성령 … 121

Chapter 8 | 성령 세례? … 143

Chapter 9 | 성령의 열매 … 171

Chapter 10 | "또 다른" 보혜사 … 189

머리말

"성령은 모래 위에 발자국을 남기지 않으신다."

아브라함 카이퍼가 성령을 다룬 고전적인 작품에 남긴 말이다. 그러나 예수님은 모래 위에 발자국을 남기셨다. 그분은 성육신하신 하나님, 인간의 본성을 소유하신 하나님이다. 예수님의 제자들은 그분과 함께 걸으며 그분의 음성을 듣고 그분의 손을 만질 수 있었다. 그분이 갈릴리 바닷가를 거니실 때, 그분 발 위로 모래가 흩어지는 모습도 볼 수 있었다.

그러나 성령은 바람과 같으시다. 예수님은 이렇게 말씀하셨다.

> 바람이 임의로 불매 네가 그 소리는 들어도 어디서 와서 어디로 가는지 알지 못하나니 성령으로 난 사람도 다 그러하니라(요 3:8).

우리는 바람을 병에 담을 수 없다. 바람은 붙잡을 수 없고 신비롭지만, 그럼에도 분명히 존재한다. 우리는 바람의 영향을 본다. 바람은 나무를 구부리고 흔들며, 깃발을 나부끼게 한다. 우리는 맹렬한 태풍이 일으키는 파괴도 본다. 강풍으로 바다가 격렬해지는 모습도 본다. 여름날, 바람이 부드럽게 솔솔 불어오면 기분이 상쾌해진다. 이렇게 우리는 바람이 존재한다는 것을 알고 있다.

성령도 마찬가지다. 우리는 성령을 만질 수도, 볼 수도 없다. 그러나 성령의 역사는 가장 사나운 바람보다도 강하다. 성령은 혼란에서 질서를, 추함에서 아름다움을 끌어내신다. 그분은 죄에 물든 사람을 덕의 모범으로 변화시키실 수 있다. 성령은 사람들을 변화시키신다. 생명을 창조하신 분은 생명을 변화시키기도 하신다.

우리는 성령과 그분의 사역에 대한 미신과 왜곡에 빠지기 쉽다. 성령이 신비하기 때문이다. 따라서 우리는 성령 하나님의 성품을 계시해 주는 성경 말씀에 주의 깊게 귀를 기울여야 한다.

삼위일체의 세 번째 분을 다루는 이 책은 진지한 평신도들을 대상으로 저술되었기 때문에 필요 이상의 신학 전문 용어는 피했다. 깊이 생각해야 이해할 수 있는 부분도 있을 것이다. 그런 부분들은 추상적인 문제를 면밀히 다루고 있기 때문이다. 성령을 깊이 이해하려면 피할 수 없는 일이다.

이 책은 거룩하게 하시는 성령을 떠나서는 일어날 수 없는, 더 깊은 영적 생활을 바라는 사람들을 위해 저술되었다.

THE MYSTERY OF
THE HOLY SPIRIT

Chapter 1

성령, 그분은 누구신가

성령 하나님을 모르는 사람은 결코 하나님을 알 수 없다. - 토마스 아놀드

시인들은 봄이 되면 젊은이들이 사랑을 갈망한다고 말한다. 1958년 봄, 나의 갈망은 치명적인 갈등에 빠져 있었다. 바로 죽음을 면하지 못할 인간의 운명과, 하나님의 불멸의 율법 사이의 갈등이었다. 그것은 어느 누구도 완전히, 결정적으로 이길 수 없는 싸움이었다.

나는 나 자신의 "하이 눈"(High Noon, "정오", "결정적 순간"이라는 뜻으로, 아카데미상을 수상한 미국 영화 제목이기도 하다_ 옮긴이)을 체험하고 있었다. 게리 쿠퍼가 주연한 고전적인 이 영화의 주제가 가사를 내가 제대로 기억하고 있는지 모르겠지만, 그 가사는 대체로 다음과 같다.

오, 사랑과 의무 사이에서 어찌해야 하나

이제 나는 금발 미녀를 잃는구나.
하이 눈을 향해 움직이는……
저 큰 시계 침을 보라……

나의 미녀는 금발이 아니었다. 그러나 주제가의 나머지 내용은 내 상황과 꼭 맞아 떨어졌다. 나는 사랑과 의무 사이에서 갈등하고 있었다. 그리고 시계도 하이 눈을 향해 달음질하고 있었다.

1952년, 나는 사랑에 빠졌다. 그리고 1957년 봄에 여자 친구 베스타에게 다이아몬드 반지를 선물했다. 우리는 결혼을 약속하고, 1960년 6월에 결혼식을 올리기로 했다.

그러나 1957년 가을, 우리를 강타한 예기치 못한 충격파가 결혼에 대한 우리의 모든 꿈과 계획을 뒤흔들어놓았다. 갑자기 내가 (영적인 의미에서) 열렬하게 그리스도께로 회심한 것이다. 나는 그 기쁜 소식을 전하기 위해 베스타에게 달려갔다. 내가 새로 발견한 믿음을 나누고 싶어 가만히 있을 수 없었던 것이다. 나는 그녀도 즉시 나와 함께 주님을 영접하리라고 기대했다.

회심한 사연을 베스타에게 쏟아놓으면서 나는 영적인 열정으로 흥분하고 있었다. 나는 값비싼 진주를 발견하였다. 그리고 그 진주의 경이로움을 그녀에게 극찬하고 있었다.

그러나 베스타는 감동하지 않았다. 나는 마치 장님에게 망원경을 설명하려고 애쓰는 것만 같았다. 베스타는 예의 바르게 귀를 기울이기는 했지만, 그 주제와는 상당히 거리를 두었다. 그녀는 내가

"일시적인 현상", 즉 잠시 종교에 빠져 열성을 내는 것이기를 바라면서 침묵을 유지했다.

"당신이 그리스도인이 되었다니, 무슨 말이에요?" 베스타가 물었다. "당신은 항상 그리스도인이었잖아요. 세례도 받고, 학습도 받고, 나머지 것들도 모두 지키지 않았어요?"

베스타와 나는 같은 교회에서 학습을 받았다. 우리는 성가대에서 함께 찬양했고, 청년부 모임에도 함께 참여했다. 교회 친목회에서 춤을 배우기도 했다. 그런데 이제 내가 중생을 이야기한 것이다. 이것은 그녀가 한 번도 들어보지 못한 용어였다.

그때는 아직 지미 카터와 척 콜슨이 등장하기 전이었다. 중생이라는 표현이 대중문화의 사전 목록에 추가되지 않은 시기였던 것이다. 1958년에 중생이라는 표현은, 내 약혼자에게 "우리의 관계를 위협하는 분명하고 위험한 광신"이라는 신호를 전달하였다.

몇 달 뒤, 베스타와의 관계를 개선해 주리라고 바란 그 사건은 오히려 심각한 갈등을 일으켰다. 얼마 지나지 않아서 나는 나처럼 중생에 대한 열정을 가진 사람이 많지 않다는 사실을 발견했다. 어머니는 내가 어머니와 어머니의 가치 기준을 거부하고 있다고 느끼셨다. 여동생도 적대적인 반응을 보였다. 친구들도 나를 의심하는 듯했다. 다른 사람들은 그럴 수 있다. 그런데 목사님마저 나를 "한심한 바보"라고 불렀다.

나는 믿음과 기독교에 대해 서로 다르게 이해할 때 생겨나는 갈등을 배우기 시작하였다. 또한 모세의 계명뿐 아니라 예수님의 계명을 배우기 시작하였다. 그중 최악의 규례, 즉 내 마음을 가장 괴롭힌 규례는 "믿지 않는 자와 멍에를 함께하지 말라"는 것이었다.

나는 그리스도인과 비그리스도인은 결혼할 수 없다고 배웠다. 그러나 나는 비그리스도인과 사랑에 빠져 있었다. 비그리스도인과 약혼한 상태였다. 나는 사랑과 의무 사이에서 갈등하였다.

결국 나는 하나님과 협상을 시도했다. 하나님께 이렇게 서원한 것이다. "하나님, 베스타가 제가 다니는 대학을 방문하는 주말까지 그리스도인이 되지 않는다면, 그녀와 헤어지겠습니다."

베스타에게는 내 서원에 대해서 이야기하지 않았다. 그뿐 아니라 아무에게도 말하지 않았다. 그것은 나와 전능하신 분 사이의 은밀한 약속이었다.

베스타가 도착하기로 한 날 아침, 나는 방에 틀어박혀 중보 기도를 시작했다. 예수님의 비유에 나오는 과부의 강청하는 기도가 무색할 정도로 간절히 기도했다. 그 자리에서 천사가 나와 씨름했다면, 그는 불구자가 되었을 것이다.

나는 선택이나 영원한 운명에 대해서 전혀 모르고 있었다. 그저 하나님이 생명책에 내 약혼자의 이름을 기록하지 않으셨다면, 바로 그날 그 이름이 기록되길 바랐다. 하나님 나라는 침노하는 자들의 것이다. 그래서 적어도 나는 그 나라를 침노하려고 애썼다.

그날 밤 베스타는 나와 함께 기도 모임에 참석했다. 처음에는 참석하기를 꺼리고 의심스러워했다. "이런 종교적인 일"에 함께 참여해야 한다는 내 고집에 불만을 느끼고 있었다.

그러나 올더스게이트에서 존 웨슬리가 그랬던 것처럼, 기도 모임 중간에 베스타는 마음이 "이상하게 뜨거워지는 것"을 느꼈다. 아우구스티누스가 정원에서, 루터가 탑에서 그랬듯이 그녀는 낙원의 문이 열리는 모습을 보고 그 안으로 걸어 들어갔다.

모임이 끝난 뒤, 베스타는 내가 흥분했던 것보다 더 흥분해서 정확히 이렇게 말했다. "이제 성령이 누구신지 알겠어요."

이 말은 훈련된 신학자의 분석을 반영한 것이 아니다. 기독교 신앙으로 회심한 새로운 회심자가 관찰한 사실이다. 그러나 나는 이 말을 약간 설명해야 한다고 생각한다. 베스타가 한 말은 삶을 변화시키는 체험에 대한 자발적인 반응이며, 신앙에 대한 즉각적이고 꾸미지 않은 반응에 대해 어떤 통찰을 전달하고 있다.

단순하게 들리는 그 말은 심오한 통찰을 전하고 있다. 이제 그 말을 면밀하게 검토해 보자.

우선 첫 단어가 중요하다. 베스타는 "이제"라고 말했다. 이제라는 단어는 현재를 뜻한다. 그 말은 과거에 일어난 일과 분명히 대조된다는 사실을 함축하고 있다. 이제라는 말은 과거에 존재하지 않았던 새로운 무언가로 주의를 환기시켜준다.

이 말을 했을 때, 베스타는 과거에도 성령이라는 말을 들었다고 했다. 성령은 교회에서 들을 수 있는 말이다. 우리는 삼위일체를 언급하는 "성부와 성자와 성령의 이름으로"라는 문구를 결혼식이나 세례, 성찬식, 축도, 목사님의 기도 결론 부분에서 자주 듣는다.

그러나 베스타가 겪은 교회 생활을 돌이켜볼 때, 성령은 의식(儀式)

에서 막연하고도 추상적인 부분을 가리키는 말이었다. 삼위일체에서 삼위의 이름이나 칭호는 그녀에게 구체적으로 아무런 의미를 갖지 못했던 것이다.

"알다"라는 말은 인식의 시작을 알렸다. 갑자기 하나의 인식, 즉 이전에는 추상적이어서 베일에 가려져만 있던 인식이 드러났다. 그래서 그녀는 "이제 알겠어요"라고 선언한 것이다.

"이제 알겠어요"라는 말을 덧붙였을 때, 베스타는 새로운 종류의 지식을 고백하고 있는 것이었다. 다시 말하지만, 베스타는 성령이라는 말을 이때 처음 들은 것이 아니다. 그녀는 그 말을 잘 알고 있었다. 베스타는 교리 문답 시험을 치렀고, 성령을 어느 정도 인식하고 있었다.

"이제 알겠어요"라는 말은 새로운 종류의 지식, 즉 인식 차원을 넘어 인격적이고 체험적인 차원으로 나아간 지식을 말한다. 이 말은 영적인 의식에 대한 사도들의 가르침을 상기시켜준다. 바울은 고린도 교인들에게 이렇게 선언했다.

> 기록된바 하나님이 자기를 사랑하는 자들을 위하여 예비하신 모든 것은 눈으로 보지 못하고 귀로 듣지 못하고 사람의 마음으로 생각하지도 못하였다 함과 같으니라 오직 하나님이 성령으로 이것을 우리에게 보이셨으니 성령은 모든 것 곧 하나님의 깊은 것까지도 통달하시느니라 사람의 일을 사람의 속에 있는 영 외에 누가 알리요 이와 같이 하나님의 일도 하나님의 영 외에는 아무도 알지 못

하느니라 우리가 세상의 영을 받지 아니하고 오직 하나님으로부터 온 영을 받았으니 이는 우리로 하여금 하나님께서 우리에게 은혜로 주신 것들을 알게 하려 하심이라 우리가 이것을 말하거니와 사람의 지혜가 가르친 말로 아니하고 오직 성령께서 가르치신 것으로 하니 영적인 일은 영적인 것으로 분별하느니라 육에 속한 사람은 하나님의 성령의 일들을 받지 아니하나니 이는 그것들이 그에게는 어리석게 보임이요 또 그는 그것들을 알 수도 없나니 그러한 일은 영적으로 분별되기 때문이라(고전 2:9-14).

이 구절은 나중에 더 자세하게 설명할 것이다. 성령을 이해하는 데 매우 중요하기 때문이다. 그러나 지금은 바울이 이 구절에서 "육에 속하지" 않은 영적 분별을 언급하고 있는 사실에 주목하고자 한다. 즉 타락한 우리 인간은 하나님께 속한 것들을 받는 능력이 결여되어 있다. 사실상 바울은 "그것들을 알 수도 없다"고 강조한다.

영적이지 못한 사람은 영적인 것들을 분별할 수 없다. 우리는 본래 영적인 인격체가 아니다. 인간은 하나님의 영으로 말미암아 영적인 것들에 민감해질 때까지는 영적인 것들을 분별할 수 없다. 우리는 성령의 중생, 즉 영적 거듭남의 역사를 통해서만 영적인 분별력을 가질 수 있다.

"이제 알겠어요"라고 말했을 때, 베스타는 의식적으로 또는 무의식적으로 새로운 영적 상태, 즉 회심을 증거하고 있었다.

"이제 성령이 누구신지 알겠어요."

베스타가 "성령이 무엇인지 알겠어요"라고 말하지 않았다는 것은 의미심장하다. 그녀는 성령이 누구신지 알고 있었다. 베스타가 자신의 삶에서 최초로 경험한 성령 하나님에 대한 인식은 인격적인 임재였다.

성경은 성령을 "그것"(it, 추상적인 힘이나 세력, 사물)이 아니라 "그"(He)라고 계시한다. 성령은 인격이시다. 인격에는 지성, 의지, 개성이 포함된다. 인격체는 의도를 가지고 행동한다. 추상적인 힘은 어떤 일을 행하려는 "의도"를 가질 수 없다. 선하든 악하든, 의도는 인격적인 존재들만 가질 수 있다.

성령은 인격체이시다

우리는 인격체를 언급할 때, "나", "너", "그", "그녀"라는 단어를 사용한다. 물론 그 단어들이 비인격적인 물체나 사물에 사용되는 경우도 있다. 영어에서는 배나 자동차, 교회 등에 남성이나 여성을 부여하기도 한다. 이런 일은 보통 분명히 인식할 수 있는 방법으로 이루어진다. 의인법 역시 시적인 표현에 유익한 도구다.

그러나 성경이 성령에 인칭대명사를 사용하는 부분은 시적인 구절이 아니라 서술적이고 교훈적인 구절들이다.

주를 섬겨 금식할 때에 성령이 이르시되 내가 불러 시키는 일을 위하여 바나바와 사울을 (내게) 따로 세우라 하시니 (행 13:2).

이 구절에서 "내가"와 "내게"(원문에는 이 말이 들어 있다_옮긴이)라는 단어에 주목하라. 또한 이 본문에서 성령이 말씀하시며, 지적이고 의도적인 지침을 주고 계심을 주목하라. 비슷한 내용이 요한복음 15장 26절에도 나타나 있다.

> 내가 아버지께로부터 너희에게 보낼 보혜사 곧 아버지께로부터 나오시는 진리의 성령이 오실 때에 그가 나를 증언하실 것이요.

여기서 예수님은 성령을 "그"(he)라고 언급하신다. 일부 학자들은 이 본문에서 보혜사를 지칭하는 헬라어가 남성이 아니며, 문법 규칙에 따르면 그 대명사는 성(性)에 있어서 명사와 일치해야 한다고 답변할 것이다.

이 구절에는 성령에 대해 중성을 사용한 삽입절, "진리의 성령"(the Spirit of truth who)이 있다. 그리고 그 삽입절 바로 다음에 "그"라는 대명사가 이어지고 있다. 성경 기자가 성령을 비인격적인 중성적 힘으로 생각하게 만들 의도였다면, "그"라는 남성 대명사를 중성 명사와 밀접하게 연결시켜 사용할 이유가 없었을 것이다.

이 문제는 요한복음 15장에 분명하게 밝혀져 있지 않지만, 요한복음 16장 13절에는 명확히 드러나 있다.

> 그러나 진리의 성령이 오시면 그가 너희를 모든 진리 가운데로 인도하시리니 그가 스스로 말하지 않고 오직 들은 것을 말하며 장래

일을 너희에게 알리시리라.

이 교훈적인 구절을 살펴볼 때 성령이 인격체라는 사실을 선언하려는 의도가 없다면, 이 구절에서 예수님이 "그"라는 대명사를 사용하실 문법상 이유가 전혀 없다는 것을 알 수 있다.

우리는 성령과 인격적으로 교제하도록 부름받았다

성경은 우리에게 "성령"을 믿으라고 명한다. 우리는 아버지와 아들의 이름뿐 아니라 성령의 이름으로 세례를 받는다. 성령은 기도의 대상이다. 그리스도인은 "사물"에게 기도하지 않는다. 그렇게 하는 것은 우상을 숭배하는 행위가 될 것이다. 우리는 인격체이신 하나님께만 기도드린다. 신약성경에 나오는 사도의 축도는 성령의 교제와 교통을 포함한다.

주 예수 그리스도의 은혜와 하나님의 사랑과 성령의 교통하심이 너희 무리와 함께 있을지어다(고후 13:13).

신약성경은 우리에게 성령을 훼방하고 근심케 하는 죄를 범하지 말라고 권면한다. 성령은 우리가 기쁘시게 하거나 슬프시게 할 수 있고, 사랑하거나 사랑받으실 수 있으며, 우리와 인격적으로 교제하실 수 있는 인격체로 묘사되고 있다.

성령은 인격적인 과업을 행하신다

성령은 인격체로서 우리와 관계하신다. 그분은 우리에게, 그리고 우리를 위해 여러 일을 행하신다. 그분은 우리를 가르치신다. 우리를 위로하시고, 인도하시며, 격려하신다.

비인격적인 물체들도 종종 이런 활동을 할 수 있다. 선원들은 별들의 "인도"를 받는다. 우리는 아름다운 일몰을 감상하면서 위로를 받는다. 그러나 그러한 감상에서 얻을 수 있는 위로는 의식적이든 무의식적이든 일몰 배후에 일몰을 만든 인격적인 예술가가 있다는 가정에 기초한다. 우리는 자연의 사물들을 관찰하면서 "교훈을 얻을" 수 있다. 그러나 이러한 것들은 유추라는 방법을 통해서 얻는 교훈일 뿐이다.

성령은 인격적인 방법으로 위로하시고, 인도하시고, 가르치신다. 성경에 따르면 성령이 하시는 이러한 활동은 지성과 의지와 감정과 능력을 포함한다. 성령은 살피시고, 선택하시고, 계시하시고, 훈계하신다. 그러나 별들과 일몰은 그렇지 않다.

요약해서 성령이 사랑과 숭배와 순종과 슬픔과 범죄의 대상이 되신다면, 우리는 그분이 인격체이심이 틀림없다는 결론을 내릴 수 있다.

그러나 여전히 다음과 같은 질문이 남는다. 성령은 구별된 인격체이신가? 성령은 성부 하나님, 성자 하나님과 구별되시는가? 성경이 성령께 돌리는 모든 인격적 속성은 사실상 성부의 인격이며, 성령은 성부의 한 측면일 뿐인가?

이러한 질문들은 곧 우리가 하나님에 관해서 어떻게 생각해야 하느냐는 문제를 야기한다. 우리는 한 분 하나님을 믿는가 아니면 세 분 하나님을 믿는가? 성령을 구별된 인격체로 생각하기 시작하는 순간, 삼위일체라는 신비하고 어려운 개념이 우리의 사고를 침범한다. 성령이 한 인격체이실 뿐 아니라 신적인 인격체이신 것, 즉 성령이 하나님이라는 것은 교회의 고전적 신앙이다.

Chapter 2

성령은 하나님이다

"성령을 믿사오니"라고 말할 때마다, 우리는 인간의 인격에 기꺼이 들어오셔서 그 인격을 변화시키실 수 있는 살아 계신 하나님이 존재하신다는 사실을 믿는다고 고백하는 것이다. - J. B. 필립스

앞서 살펴봤듯이 성경은 성령을 사물이 아니라 인격체이시라고 계시한다. 우리는 성령을 "그것"이 아니라 "그"라고 부른다. 그와 동시에 성경은 성령이 신적인 인격체이시라는 사실을 계시하고 있다. 성령은 하나님이다.

이 장, 그리고 이 책 나머지 부분은 성령이 하나님이라는 사실을 되풀이하여 단언할 것이다. 그러나 하나님인 성령을 살펴보기 전에 알아야 할 사실이 있다. 우리는 먼저 하나님인 예수 그리스도를 살펴보아야 한다.

그리스도의 신성 논쟁

여러 세기 동안 예수님의 신성에 대해 격렬한 논쟁이 있어왔다. 모든 세대에 걸쳐 예수님을 단순한 인간 수준으로 격하시키려는 시도가 이루어져왔다. 반면 교회는 그리스도가 신인(神人, God-man)이시며, 인성과 신성 두 가지 본성을 모두 소유하신 한 인격체라고 고백해 왔다. 451년에 열린 칼케돈 공의회(Council of Chalcedon)에서 교회는 예수가 참인간(vere homo)이시자 참하나님(vere deus)이라고 선언했다.

교회사 처음 4세기는 그리스도의 신성에 대한 격렬한 논쟁들로 특징지을 수 있다. 이러한 논쟁들은 4세기에서 시작하여 5세기와 19세기, 그리고 20세기에 이르기까지 계속되어왔다.

내가 이 사실을 언급하는 이유는 우리가 우연히도 그리스도의 신성이 가장 뜨거운 논쟁거리가 되고 있는 세기에 살고 있기 때문이다(실제로 몇 년 전에는 예수의 신성에 대해 진지하게 의문을 제기하는 『The Myth of God Incarnate』라는 책이 유행했다. 안타까운 사실은 교회 외부 사람들이 아니라 존경받는 신학 교수들이 그 책을 썼다는 것이다). 그리스도는 가장 위대한 인간, 독특한 선지자, 더할 수 없이 높은 윤리의 모범, 실존적인 진실성의 모델, 혁명적인 인간 정신의 상징, 천사적인 힘, 하나님의 양자(養子) 등 다양하게 간주되고 있다. 그러나 이 모든 호칭은 대부분 예수가 하나님에 의해 창조된 피조물, 즉 인간(또는 천사)이라는 개념을 포함한다. 이 모든 견해는 그리스도가 시공간 안에 기원을 두셨다는 개념을 포함하고 있다. 또한 그 견해들은 그분의 영원성과 하나님과의 동질성을 부인하고 있다.

일부 현대 종교들은 예수님이 피조물로 간주되신다는 사실에도 불구하고 그분이 종교적인 헌신의 중심 역할을 하시도록 그분의 인격을 높이고 있다. 모르몬교도와 여호와의증인은 예수님을 피조물로 간주하면서도 그분께 상당히 헌신한다. 이 헌신에 실제적인 예배가 포함된다면, 안타깝지만 우리는 그 종교들의 근저가 우상 숭배라는 결론을 내릴 수밖에 없다. 우상 숭배란 영원하신 하나님 이외의 어떤 사람이나 어떤 것에게 경배하는 것이다. 피조물들에 대한 경배 역시 우상 숭배다. 모르몬교는 예수님이 세상의 창조자시지만, 예수님의 창조 행위는 하나님이 예수님을 창조하신 다음에 일어났다고 주장한다.

> 하나님이 예수님을 창조하셨다. 그 다음, 예수님이 세상을 창조하셨다. 그러므로 예수님은 창조자이신 동시에 피조물이시다.

예수님이 하나님이 아니시라면, 정통 기독교는 근본적으로 이단이라는 결론에 이르게 된다. 만일 그렇다면 기독교는 하나님의 단일성을 왜곡하고 신이 아닌 성자와 성령을 경배하는 것이기 때문이다. 반면 성자와 성령이 신이라면, 우리는 여호와의증인이 여호와의 거짓된 증인들이며 모르몬교가 비기독교 이단이라는 결론을 내려야 한다.

기독교에는 많은 교파가 있다. 그러나 대부분은 다른 교파들을 불완전하기는 하지만 기독교의 진정한 표현 형식으로 인정한다. 침례교도는 일반적으로 장로교도를 보편적인 교회의 타당한 표현으로 생각한다. 또한 장로교도들은 루터교도를 진정한 그리스도인으로 인정한다.

다양한 기독교 교파들은 일부 교리적인 면에서 다른 교파들과 의견이 다르더라도, 그런 특정 요소들이 진정한 기독교에서 절대적으로 본질적인 것은 아니라는 가정을 받아들인다. 즉, 성경적인 기독교에서는 본질적으로 그리스도와 성령의 신성을 사실로 지지하기 때문에, 대부분의 정통 기독교인들은 모르몬교나 여호와의증인을 기독교회로 인정하지 않는다는 뜻이다. 성자와 성령의 신성을 부인하는 유니테리언도 마찬가지다.

성령의 신성

그리스도의 신성에 관한 논쟁이 매우 격렬했기 때문에 비교적 성령의 신성에 관한 논쟁은 적었다. 4세기 이후 성령이 인격체이시라는 사실에 동의하는 사람들이 성령의 신성을 부정하는 일은 드물었다. 성경에 따르면 성령이 신적인 속성들을 소유하시며 신적인 권세를 행사하신다는 사실이 매우 분명했기 때문이다. 즉 성령이 인격체이신가, 비인격적인 세력인가에 대한 논쟁이 여러 차례 벌어졌지만, 일단 성령이 진실로 인격체이시라는 사실이 인정되자 성령이 신적 인격체이시라는 사실도 쉽게 자리를 찾게 되었다(이것은 전혀 놀라운 일이 아니다. 성령은 성자처럼 인간의 형체를 취하신 적이 없기 때문에 많은 이단이 예수 그리스도에 대해 말하는 사실과 달리 "단순한 한 인간"이실 수가 없는 것이다).

성경은 성령의 신성을 자주 언급한다. 예를 들어, 구약성경에서 하나님에 대해 말하는 내용은 하나님의 영에 대해서도 말한다. "하나님이 말씀하셨다"는 표현과 "하나님의 영이 말씀하셨다"는 표현은 종종 바꿔 사용되고 있다. 성령의 활동이 하나님의 행동으로 일컬어지고 있는 것이다.

신약성경에서도 같은 표현을 찾아볼 수 있다. 이사야 6장 9절에서 하나님이 "가서 이 백성에게 이르기를"이라고 말씀하신 본문을 사도 바울은 사도행전 28장 25절에서 이렇게 인용하였다.

> 성령이 선지자 이사야를 통하여 너희 조상들에게 말씀하신 것이 옳도다.

여기서 바울은 성령이 하나님의 말씀을 하셨다고 말하고 있다. 마찬가지로 사도 바울은 성령이 우리 안에 거하시기 때문에 그리스도인들이 곧 하나님의 성전이라고 말한다(에베소서 2장 22절, 고린도전서 6장 19절, 로마서 8장 9-10절을 보라). 성령이 하나님이 아니시라면, 성령이 우리 안에 거하신다는 이유만으로 어떻게 우리가 하나님의 전이라고 일컬어질 수 있겠는가? 어떤 사람은 하나님이 성령을 보내셨으므로 하나님을 대표한다는 주장으로 그 질문에 답변할 수도 있을 것이다. 이것은 단지 "하나님이 거기 계시다"고 말해도 될 만한 하나님의 대리인을 대신한다는 뜻일 수도 있다. 그러나 이러한 결론에 도달하는 것은 그 본문이 지닌 분명한 의미를 두고 애매하게 장난을 치는 것이다.

성경 전체에 걸쳐서 성령은 하나님께 위임받은 대표자로 묘사될 뿐 아니라 하나님과 동일시되고 있다. 사도행전 5장 3, 4절은 이렇게 말한다.

베드로가 이르되 아나니아야 어찌하여 사탄이 네 마음에 가득하여 네가 성령을 속이고 땅 값 얼마를 감추었느냐 …… 사람에게 거짓말한 것이 아니요 하나님께로다.

여기서 우리는 다음과 같은 등식을 보게 된다.

성령께 거짓말하는 것은 하나님께 거짓말하는 것이다.

그리스도와 사도들은 거듭 성령을 신적인 속성과 완전함을 소유한 존재로 묘사하고 있다. 성령을 모독하는 죄는 용서받을 수 없다. 성령이 하나님이 아니시라면, 그분을 모독하는 죄가 용서받을 수 없는 죄로 간주된다는 것은 전혀 이치에 맞지 않다.

하나님의 속성을 소유하신 성령

성령은 전지하시다. 성령은 모든 것을 알고 계신다. 성경에서 우리는 성령이 하나님의 속성을 소유하고 계시다는 사실을 보게 된다. 전지는 피조물이 아닌 신성의 특징이다. 피조물은 시간과 공간의 제한을 받는다. 이러한 제한은 그들의 지식 범위도 한계를 짓는다. 바울은 이렇게 선언한다.

> 성령은 모든 것 곧 하나님의 깊은 것까지도 통달하시느니라 사람의 일을 사람의 속에 있는 영 외에 누가 알리요 이와 같이 하나님의 일도 하나님의 영 외에는 아무도 알지 못하느니라(고전 2:10, 11).

성령은 편재하시다. 시편 기자는 이렇게 수사적으로 질문하고 있다.

> 내가 주의 영을 떠나 어디로 가며 주의 앞에서 어디로 피하리이까 내가 하늘에 올라갈지라도 거기 계시며 스올에 내 자리를 펼지라도 거기 계시니이다(시 139:7, 8).

이 구절에서 성령의 임재가 하나님의 임재와 동일시되고 있음을 주목하라. 시편 기자가 제기한 수사적 질문은 도망자가 성령의 임재를 떠나거나 벗어날 수 있는 곳은 존재하지 않는다는 의미를 함축한다.

성령은 모든 곳에 계신다. 그분은 무소부재하시며 편재하신다. 그러한 속성은 하나님께 속하는 것이다. 피조물은 그러한 속성을 공유하지 못한다. 영적 존재인 천사도 동시에 한 곳 넘게 존재할 수 없다. 타락한 천사 사탄을 포함하여 모든 천사는 영이지만, 유한한 영이다. 그들은 시간과 공간에 제한되어 있다. 그들은 피조물의 질서를 따른다. 어느 피조물도 편재하지 못한다.

성령은 전지하시고, 편재하시며, 영원하시다. 하나님의 영이 존재하지 않은 때는 없었다. 성령은 또한 전능하시다. 우리는 성경에서 성령이 하나님만 하실 수 있는 특별한 사역을 수행하신다는 사실에 주목한다. 우리는 창조와 구속의 사역에서 이 사실을 볼 수 있다.

우리는 보통 창조 사역을 성부 하나님의 활동이라는 견지에서 생각한다. 그러나 성경을 자세히 살펴보면, 신성의 세 위격 전부가 그 사역에 참여하고 있음이 계시되어 있다. 선재하신 그리스도, 즉 **말씀, 로고스**를 묘사하면서 요한은 이렇게 선언한다.

> 만물이 그로 말미암아 지은 바 되었으니 지은 것이 하나도 그가 없이는 된 것이 없느니라(요 1:3).

바울은 요한의 이러한 가르침을 되풀이한다.

> 만물이 그에게서 창조되되 하늘과 땅에서 보이는 것들과 보이지

않는 것들과 혹은 왕권들이나 주권들이나 통치자들이나 권세들이나 만물이 다 그로 말미암고 그를 위하여 창조되었고 또한 그가 만물보다 먼저 계시고 만물이 그 안에 함께 섰느니라(골 1:16, 17).

마찬가지로 성경을 보면 창조 사역에 성령이 함께하신다.

태초에 하나님이 천지를 창조하시니라 땅이 혼돈하고 공허하며 흑암이 깊음 위에 있고 하나님의 영은 수면 위에 운행하시니라(창 1:1, 2).

창조 사역에서 성령의 활동은 성경에 자주 언급되거나 암시되어 있다. 시편 기자와 욥은 각각 이렇게 선언한다.

주의 영을 보내어 그들을 창조하사 지면을 새롭게 하시나이다(시 104:30).
하나님의 영이 나를 지으셨고 전능자의 기운이 나를 살리시느니라(욥 33:4).

성령은 생명과 인간의 지성을 주관하는 분이다(욥기 32장 8절, 35장 11절을 보라). 성령은 예수님이 마리아의 태에 임신되게 한 능력의 근원이시다.

천사가 대답하여 이르되 성령이 네게 임하시고 지극히 높으신 이의 능력이 너를 덮으시리니 이러므로 나실 바 거룩한 이는 하나님의 아들이라 일컬어지리라(눅 1:35).

성령은 선지자와 제사장과 왕들에게 위로부터 임하는 능력으로 기름을 부으셨다. 신약성경을 보면 성령은 그리스도를 죽음에서 부활하게 하신 능력의 근원이시다.

예수를 죽은 자 가운데서 살리신 이의 영이 너희 안에 거하시면 그리스도 예수를 죽은 자 가운데서 살리신 이가 너희 안에 거하시는 그의 영으로 말미암아 너희 죽을 몸도 살리시리라(롬 8:11).

성령은 하나님만이 끼치실 수 있는 능력을 사물들에게 끼치신다. 바울은 아브라함과 하나님의 관계를 묘사하면서 이렇게 썼다.

기록된바 내가 너를 많은 민족의 조상으로 세웠다 하심과 같으니 그가 믿은바 하나님은 죽은 자를 살리시며 없는 것을 있는 것으로 부르시는 이시니라(롬 4:17).

죽은 자를 살리며 없는 것을 있는 것같이 부르는 데에는 하나님의 전능하신 능력이 요구된다. 어떤 피조물도 없는 것을 있는 것같이 부를 수 없다. 어떤 피조물도 죽은 자를 살릴 수 없다. 또한 어떤 피조물도 영적으로 죽어가는 영혼을 살릴 수 없다. 이 모든 행동은 하나님의 능력을 요구한다. 이 모든 일은 성령에 의해 성취될 수 있으며, 또 성취되고 있다.

성경은 성령을 마땅한 예배 대상으로 묘사하고 있다. 신약성경에서 세례에 대해 설명한 구절에 성령이 포함되어 있다는 사실은 매우 중요하다. 칼빈은 이 사실을 이렇게 설명한다.

그 이유는 바울이 하나님, 믿음, 세례 이 세 가지를 그 하나에서 다른 하나를 추리할 수 있도록 연결시켜놓았기 때문이다. 그는 믿음이 하나이기 때문에 주도 하나이며, 세례가 하나이기 때문에 믿음 또한 하나라는 사실을 보여주고 있는 것이다. 그러므로 만일 세례를 통하여 한 하나님에 대한 신앙과 종교에 들어가게 되었다고 하면, 우리는 우리 자신의 이름으로 세례를 받도록 하신 분이 바로 참되신 하나님임을 생각해야만 할 것이다. 실로 "모든 민족을 제자로 삼아 아버지와 아들과 성령의 이름으로 세례를 베풀고"(마 28:19)라고 하신 이 엄숙한 명령에서 주님은 신앙의 완전한 빛이 현현되었다는 사실을 입증하고 계셨다는 데에는 조금도 의심할 여지가 없다. 이것은 정확히 말해서 성부, 성자, 성령 안에서 아주 명백하게 자신을 나타내 보이신 한 하나님의 이름으로 세례를 받게 된다는 것을 의미하기 때문이다. …… 그러면 그리스도께서 아버지와 아들과 성령의 이름으로 세례를 주라고 명령하셨을 때, 이 명령은 바로 아버지와 아들과 성령을 한 신앙으로 믿어야 한다는 말씀이 아니고 무엇이겠는가? 그리고 아버지와 아들과 성령이 한 하나님이라는 사실을 명백히 증거해 주는 것이 아니고 무엇이겠는가? 그러므로 하나님은 오직 한 분뿐이시며 그 이상이 아니라는 것은 확고한 원리이기 때문에, 우리는 말씀과 성령은 하나님의 본질 그 자체에 지나지 않는다고 결론짓는다.[1]

성령은 세례에 대한 구절뿐 아니라 사도의 축복 기도에도 포함되어 있다.

주 예수 그리스도의 은혜와 하나님의 사랑과 성령의 교통하심이 너희 무리와 함께 있을지어다(고후 13:13).

우리는 성경이 분명히 성령에게 신성이 있다고 말한다는 결론을 내리게 된다. 성령은 인격체이시다. 성령은 하나님이다. 그리고 이러한 이중 단언을 내리자마자, 가장 중요하면서도 당혹스러운 기독교 신앙의 교리 가운데 하나인 삼위일체 교리와 충돌하게 된다.
우리는 어떻게 세 위격, 즉 성부, 성자, 성령을 구분하는 동시에 한 하나님을 믿는다고 고백할 수 있는가? 다음 장에서 우리는 기독교 신앙의 이러한 신비를 탐구할 것이다.

---

1. 존 칼빈, 『기독교강요』 상, 13장, 228쪽, 생명의말씀사.

Chapter 3

삼위일체의 신비를 밝히다

나는 오늘 하나 안에 셋이 있고 셋 안에 하나가 있는 삼위일체의 강력한 이름으로 기도한다. - 성 패트릭

> 너는 마음을 다하고 뜻을 다하고 힘을 다하여 네 하나님 여호와를 사랑하라(신 6:5).

이것은 성경의 선언 가운데 가장 잘 알려진 지상계명(Great Commandment)이다. 예수님은 이 계명을 언급하시면서 이렇게 말씀하셨다.

> 이것이 크고 첫째 되는 계명이요 둘째도 그와 같으니 네 이웃을 네 자신같이 사랑하라 하셨으니(마 22:38, 39).

예수님이 지상계명을 "첫째" 계명이라고 말씀하신 것은 시간 순

서상 첫째라는 뜻이 아니다. 지상계명이 계시되기 전에도, 하나님은 많은 계명을 주셨다. 예수님이 "첫째"라고 말씀하신 것은 중요도에서 첫째라는 의미다. 그것은 다른 모든 율법을 요약해 주며, 율법과 선지서에 담긴 다른 모든 내용의 기초가 되는 율법인 것이다.

우리는 마음과 뜻과 힘을 다하여 하나님을 사랑할 수 있기 이전에 우리가 사랑해야 할 하나님에 대한 개념을 갖추어야 한다.

먼저 지상계명이 주어진 배경, 즉 상황을 살펴보자. 유대인들은 그 배경을 쉐마(shema)라고 부른다. 쉐마는 구약 시대에 행하던 유대 의식의 핵심이었다. 그것은 유대인들의 예배에 자주 인용되었으며, 예수님도 어린 시절부터 아주 잘 알고 계셨다. 쉐마는 다음과 같은 서두로 지상계명을 시작한다.

> 이스라엘아 들으라 우리 하나님 여호와는 오직 유일한 여호와이시니(신 6:4).

여호와는 한 분이다! 이 신앙고백은 이스라엘이 일신론을 믿는 민족임을 보여준다. 일신론은 오직 하나님 한 분만 믿는다는 뜻이다. 그것은 구약의 종교 신앙을 다른 모든 형태의 다신교와 구별시켜준다.

고대 이스라엘 당시 대부분의 이웃 나라는 다신교를 숭상했다. 비록 하나의 주된 신을 믿기는 했지만, 많은 남신과 여신에게 헌신하였다. 그들에게는 전쟁, 다산(多産), 사랑, 자연 등에 해당되는 특별한 신들이 있었다.

그러나 이스라엘은 마땅히 전능하신 하나님 한 분에게만 헌신해야 한다고 여겼다. 십계명의 첫째 계명은 이것을 강화한다.

너는 나 외에는 다른 신들을 네게 두지 말라(출 20:3)

이 율법은 참된 하나님인 여호와 외의 다른 어떤 남신이나 여신에게 예배하는 것을 전적으로 차단하였다. "내 앞에"(before me, 개역개정 성경은 "나 외에는"으로 번역하였다_ 옮긴이)라는 말은 "나보다 앞서서"라는 뜻이 아니다. 즉 첫째 계명은 선호도나 지위 면에서 다른 신들이 여호와를 앞서지 않는 한, 유대인은 그 신들을 경배하거나 섬기는 것이 허용될 수 있다는 개념을 담고 있는 것이 아니다.

"내 앞에"라는 말은 "나의 존재 앞에"라는 뜻이다. 하나님이 말씀하신 것은 언제 어디서든 다른 신을 예배하는 것을 용인하지 않으신다는 뜻이다. 여호와 외의 다른 사람이나 다른 것을 예배하는 것은 우상 숭배로 전락하는 것이며, 그러한 행위는 하나님의 진노를 초래한다.

삼위일체 개념에 그토록 크게 경악하는 것은 바로 구약성경에 나타나 있는 일신론에 이처럼 열렬하게 헌신하기 때문이다. 하나님이 한 분이라면, 우리가 어떻게 성부와 성자와 성령의 세 위격에 대한 예배를 정당화할 수 있는가?

삼위일체 개념은 그 질문에 답변하기 위해 고안되었다. 삼위일체 교리는 다음과 같다.

"하나님은 본질상 하나이시며, 위격상 셋이시다."

이 교리는 기독교를 두 진영의 심각한 싸움에서 보호하려는 것이다. 한편으로 교회는 일신론을 엄격히 고수하길 원한다. 따라서 이 문구의 첫 부분은 다음과 같다. "하나님은 본질상 하나이시다." 이것은 그야말로 우리가 하나님이라고 부르는 분이 한 분밖에 없음을 의미한다. 동시에 교회는 성경이 분명하게 계시하고 있는 그리스도의 신성과 성령의 신성에 충실하기를 추구한다. 그러므로 교회는 신성의 세 위격(성부, 성자, 성령)을 구분한다. 이것이 둘째 부분인 "위격상 셋이시다"라는 말을 설명해 준다.

이 문구의 의미를 더 깊이 탐구하기 전에 삼위일체 교리에 제기되는 반대 의견들을 다루는 것이 도움이 될 것이다.

반대 의견 1_ 삼위일체라는 말은 성경적인 표현이 아니며, 이방 철학이 성경의 계시에 침투했다는 것을 보여준다

존 칼빈은 이러한 비판에 특히 민감했다. 칼빈은 성경에서 발견되는 단어들로만 신학 용어를 제한하고 국한시키기를 원하는 사람들에게 이렇게 답변했다.

> 만일 한마디 한마디가 성경에 기록된 말과 다르다고 해서 모두 외래어라고 한다면, 저들은 실로 부당한 법칙을 부과하여 성경 구조

에 맞추지 않은 성경 해석을 전적으로 정죄하게 되는 것이다.²

칼빈과 그 밖의 신학자들이 주장하는 것은 특정 단어가 성경에서 차용된 것인지 여부가 아니라 그 개념이 성경적인지 여부다.

성경에 나오지 않는다 하더라도 성경적 개념을 전달하고 있다면, 우리는 그 단어를 신학적 표현에 사용할 수 있다. 칼빈은 인간의 모든 언어가 지닌 강점과 약점을 예리하게 인식하고 있었다.

> 우리 스스로의 힘으로 하나님에 대하여 생각하는 것은 한결같이 어리석으며, 하나님에 대하여 말하는 것은 모두 불합리하다. 그러나 다음과 같은 어떤 표준은 유지되어야 한다. 즉 생각하는 것과 말하는 것의 확실한 규범을 성경에서 찾고, 마음의 생각과 입에서 나오는 일체의 말을 여기에 순응시켜야 하는 것이다.³

우리는 다음과 같은 질문을 통해 개념들을 점검해 보아야 한다. "성경에서 타당하게 파생된 개념인가?"

정통 기독교는 하나님의 불가해성(不可解性)을 단언하고 있다. 이 말은 우리가 하나님에 관해서 아무것도 알 수 없다는 뜻이 아니다. 하나님이 자신에 관해서 계시하시는 바는 적절한 정도까지 이해할 수 있다. 그러나 하나님께 속한 사실들을 이해하는 우리의 능력에

---

2. 같은 책, 206쪽.
3. 같은 책.

는 구조적인 약점이 있다. 하나님을 완전히 이해할 수 있는 사람은 아무도 없다.

하나님에 대한 우리의 지식은 결코 완전하지 않다. 성경이 우리에게 계시하는 하나님에 대한 지식조차 하나님을 우리 수준에 맞추고 있다. 하나님은 인간의 언어로 우리에게 말씀하신다. 다시 한 번 칼빈은 성경이 자주 인간적인 형태로 하나님을 묘사하고 있다는 사실을 설명한다.

> 아무리 지능이 모자라는 사람도 유모가 어린아이에게 말하는 것처럼 하나님이 우리에게 말씀하신다는 것을 이해하지 못할 자가 과연 있겠는가? 그러므로 그러한 표현 방식은 하나님이 어떤 분이라는 것을 분명하게 설명해 준다기보다는 하나님에 관한 지식을 우리의 미약한 수용 능력에 적응시키는 것이다.[4]

성경적 개념들을 형식화하기 위해서 교회는 어쩔 수 없는 이유로 성경 외적인 단어들을 사용한다. 한편으로는 이단자들이 성경이 의도한 것과 다른 의미를 갖도록 성경 단어들을 왜곡하고 곡해하기 때문에 성경 외적인 단어를 사용할 수밖에 없다.

이단자들은 언제나 그들의 교리를 성경의 언어로 표현하려고 시도해 왔다. 바울은 에베소 교인들에게 바로 그 점을 경고한다.

---

4. 같은 책, 203쪽.

누구든지 헛된 말로 너희를 속이지 못하게 하라 이로 말미암아 하나님의 진노가 불순종의 아들들에게 임하나니(엡 5:6).

바울이 표현한 "헛된 말"이란 의미가 제거된, 즉 진정한 내용이 없는 말이다. 여러 세기 동안 교회는 그러한 언어의 남용 및 오용과 싸워야 했다.

전문적인 신학 언어의 목적은 교활하고 간교하게 교리를 왜곡하는 무리를 막을 뿐 아니라 의미의 정확성을 달성하는 것이다. 사람들은 파렴치한 인간들이 마음대로 용어를 재정의할 수 없을 정도로 신조나 신앙고백을 완벽하게 기록하는 일은 불가능하다고 말해 왔다.

이단자들은 단어의 의미를 신학적으로 둘러대는 술책을 즐겨 사용한다. 칼빈은 삼위일체에 대한 교회의 신앙고백을 다루는 가운데 이 문제에 대해서 쓰고 있다.

그러나 진리를 떠나 회피하는 거짓 비난자들을 대항해서 진리를 주장하게 될 때에는, 이러한 신기한 용어(만일 이와 같이 불려야 한다면)가 특히 유용하다. 오늘날 우리는 순수하고 건전한 교리의 적들을 패주시키기 위해 큰 노력을 기울인 경험이 풍부하다. 이 교활한 뱀들을 용감하게 추적하여 붙잡아 짓밟아버리지 않는 한, 비뚤어지고 사악한 마음을 소유한 저들은 교묘하게 빠져나간다. 그렇기 때문에 고대의 그리스도인들은 부패한 교의(敎義)를 대항하여 여러 논쟁에서 싸울 때, 오류를 감추기 위해 장광설을 늘어놓는 불경자(不敬者)들이 그 어떤 사악한 술책도 부리지 못하도록 자신들의 의견을 가장 명석하게 표현해야만 했다.[5]

여기서 우리는 역사 속에서 그 문제의 핵심에 이르게 된다. 바로 4세기의 아리우스파의 위기(Arian crisis)다. 이 사건은 삼위일체 교리를 정확하게 형식화할 필요성을 매우 분명하게 보여주었다.

그 논쟁에서 가장 중요한 "교활한 뱀"은 아리우스라는 이름을 가진 사제였다. 아리우스는 그리스도가 "하나님"이자 "하나님의 아들"이라고 고백했다. 그런데 그 고백을 면밀하게 검토해 보면, 아리우스는 하나님이라는 단어를 재정의해서 사실상 아무 의미 없는 단어로 만들어버렸다는 사실을 알 수 있다.

아리우스의 어휘에서 하나님이라는 단어는 의미가 모호했다. 아리우스는 예수님이 신적인 입양 과정(process of divine adoption)으로 "하나님"이 되셨는데도, 피조된 존재(하나님이 "영원한 신성"[eternal Deity]을 의미하지 않는다면, "하나님"은 무의미한 단어가 된다)라고 주장한다. 아리우스가 작성한 신앙고백은 이 사실을 분명히 진술하였다.

> 우리는 홀로 나지 아니하시고, 홀로 영원하시며, 홀로 시작이 없으신 한 분 하나님을 믿사오며.[6]

---

5. 같은 책, 207쪽.
6. J. N. D. Kelly, *Creeds in the Making* (London:Longmans, 1972), p. 232에서 인용.

이어지는 신앙고백은 성자와 말씀이 홀로 하나님인 성부에게 종속된다는 아리우스의 견해를 강조하는, "홀로"라는 단서가 붙은 표현들을 길게 나열하고 있다.

하나님은 세상을 창조하길 바라셨으며, 이 목적을 위해 아들을 존재케 하셨다. 그 아들은 높임을 받으시지만, 아리우스의 추종자들이 전혀 지치지 않고 지적하였듯이 크티시스(*ktisis*), 즉 피조물이시다. 그러면서도 아리우스가 계속 "아들은 하나님이다"라고 주장하였기 때문에 신실한 신자들은 혼란에 빠졌다. 그래서 정통주의자들은 아들이 신적 존재이며, 따라서 아버지와 동일하게 영원하시고 아버지와 동일한 본질을 소유하셨다는 사실을 모호하지 않게 지적해 주는 정확한 용어를 찾았다.

아리우스의 숨통을 누른 신학 용어는 헬라 철학에서 빌려온 것으로 호모우시오스(*homoousios*)라는 용어다. 호모우시오스보다 더 많은 논쟁을 일으킨 신학 용어는 결코 없다.

아리우스는 기꺼이 예수님이 하나님이라고 말했다. 그러나 그는 예수님이 성부와 본질이 동일하다(호모[*homo*]는 "동일하다", 우시오스[*ousios*]는 "본질"이라는 뜻이 있다)고 말하지는 않았다. 아리우스에게 호모우시오스는 거슬리는 신학 용어였다. 그래서 아리우스는 호모우시오스 대신에 호모이우시오스(*homoiousios*)라는 용어를 사용하였다. 호모에 이어지는 이오타(*i*)를 주목하라. 헬라어 호모이(*homoi*)와 호모(*homo*)는 모호하지만 지극히 중요한 차이가 있다. 바로 "비슷한"(유사한)이라는 단어와 "동일한"이라는 단어 사이의 차이다.

아리우스는 일찍이 3세기경 교회가 또 한 사람의 이단인 사벨리우스를 호모우시오스라는 단어를 사용했다는 이유로 정죄한 판결을 근거로 자신의 정당성을 호소했다. 사벨리우스와 그의 추종자들은 예수님이 성부와 동일 본질(호모우시오스)이시라고 말했다는 이유로 정죄당했다. 그리고 그 결과, 교회는 호모이우시오스라는 용어를 주장했다는 것이다.

이 줄거리는 복잡해진다. 교회가 자신이 허락한 용어와 정죄한 용어에 대해 갑자기 태도를 바꾼 사실을 볼 때 이 모든 논쟁은 매우 혼란스러워질 수 있다.

사벨리우스는 4세기 교회가 호모우시오스를 통해 의미한 바와 매우 다른 것을 의미했기 때문에 정죄당한 것이다. 사벨리우스의 가르침은 영지주의적인 개념으로 가득 채워져 있었다. 영지주의는 초기 교회가 싸워야 했던 가장 치명적인 이단 가운데 하나였다. 영지주의의 주요 교리 중 하나는 하나님에 대한 양태론적 관점(modalistic view of God)이었다.

영지주의적 양태론에 따르면 우주는 하나님이 자신의 외부에서 만드신 피조물이 아니다. 오히려 창조와 창조에 속한 모든 것은 하나님 자신의 존재가 확장된 것으로 간주되었다. 피조된 모든 실재는 하나님의 존재의 핵심에서 흘러넘친, 일종의 유출(流出, emanation)이라는 것이다.

유출의 핵심에서 멀어질수록, 실재는 덜 완전해진다. 영과 이성은 유출의 핵심에 더 가깝고, 살아 있는 물질은 그보다 멀리 떨어져 있으며, 움직일 수 없는 물질(무기물과 같은 비유기적 사물)은 핵심에서 가장 멀리 떨어져 있다. 따라서 존재하는 모든 것은 하나님의 한 가지 양태이며, 하나님의 본질에 참여하고 있다는 것이다.

사벨리우스는 성자가 하나님과 동일 본질(호모우이오스)이시지만, 하나님은 아니라고 말했다. 성자는 하나님 바로 곁에 있는 유출이시지만, 여전히 신적 본질의 핵심에서 떨어져 있다는 것이다. "예수님과 성부의 관계는 태양 광선과 태양의 관계와 같다. 태양 광선은 태양과 동일 본질이다. 그것은 태양에서 발산되지만, 태양 자체는 아니다."

그렇게 해서 사벨리우가 사용한 호모우시오스의 개념은 정죄당하고, 교회는 그 자리를 호모이우시오스라는 용어로 대체하였다. 이 단어가 선호되는 이유는 분명했다. 사벨리우스는 하나님과 예수님 사이의 상이성(相異性)을 입증하기 위해 호모우시오스라는 용어를 사용하였다. 따라서 교회는 하나님과 예수님 사이의 유사성에 대한 믿음을 선언하기 위해서 호모이우시오스(유사 본질)라는 용어를 선택한 것이다. 그런데 아리우스가 그 상황을 역전시켰다.

반대로 아리우스는 예수님과 하나님 사이의 상이성을 강조하기 위해서 호모이우시오스라는 용어를 사용하였다. 그는 예수님이 진실로 하나님과 유사하지만, 하나님과 동일 본질은 아니라는 뜻으로 그 용어를 사용한 것이다.

4세기 교회는 아리우스에게 단호하게 "그렇지 않다!"고 말했다. 이러한 용어 변화는 교회가 예수님이 단순히 하나님과 유사하신 것이 아니라 하나님이라고 주장하고 있었음을 지적해 준다. 예수님은 영지주의적인 의미에서는 그렇지 않지만, 하나님과 동일 본질(호모우시오스)이신 것이다.

아리우스 논쟁은 사소한 신학적 게임이 아니었다. 여기에서 문제가 된 것은 예수님과 성령의 완전한 신성에 대한 교회의 신앙고백이다. 그것은 교회로 하여금 신학적 언어를 바꾸어 선택하게 할 만큼 엄청난 위기를 초래하였다. 사벨리우스주의 이단이 누그러진 이후 아리우스주의가 새로운 위협으로 등장하며 심각해지자, 교회는 아리우스주의와 싸우기 위해서 명백한 위험이 따르는 호모우시오스라는 용어를 사용하도록 허락한 것이다.

그리스도와 성령의 신성을 표현하기 위해 용어 선택을 바꾸긴 했지만, 교회는 개념까지 바꾸지는 않았다. 교회는 사벨리우스 논쟁과 아리우스 논쟁에서 성경적 삼위일체 개념을 지키기 위해 모든 언어라는 도구를 자유롭게 사용했다. 결코 성경을 기만하거나 넘어서지 않았으며, 오히려 모호한 용어를 교활하게 사용해서 은밀히 성경적 개념을 해치려는 부류에게서 그 개념을 보호하려고 애썼다.

아리우스 논쟁이 낳은 열매가 바로 니케아 신조다. 니케아 신조는 신성의 동일 본질성(coessentiality of the Godhead)을 단언하고, 신성의 제2위격의 피조성에 대한 모든 암시를 거부하기 위해 예수님에 대해 이렇게 말했다. "예수님은 나셨지만 지음받지는 않으셨다(begotten not made)."

교회에서 부르는 영광송인 "성부와 성자와 성령께 영광"(Gloria Patri) 또한 그 논쟁의 열매다. "성부와 성자와 성령께 영광"은 삼위일체주의자들의 "투쟁가"로서도 그 기능을 발휘하였다. 아리우스주의자들은 삼위일체주의자들을 반대하는 선전 운동의 일환으로 상스럽고 경멸적인 노래들을 퍼뜨렸다. 그 응답으로, 삼위일체주의자들은 한 마음으로 이 찬송을 불렀다.

성부 성자 성령께
찬송과 영광 돌려보내세.
태초로 지금까지
또 영원무궁토록
성삼위께 영광 영광 아멘(통일찬송가 2장).

이 찬송은 신성의 삼위 모두에게 신적인 속성(영광)을 돌리며 삼위일체를 고백하고 있다. 그와 동시에 삼위일체의 세 위격 모두의 영원성을 고백한다.

우리는 교회가 스스로 쓸데없는 철학적 사색에 빠지거나 헬라적 개념들과 불필요한 장난을 하고 있었기 때문에 삼위일체라는 용어가 생긴 것이 아님을 살펴보았다. 칼빈이 주장하듯이 교회는 신성에 관한 성경의 계시를 타락시키고 있던 이단들 때문에 어쩔 수 없이 그 용어를 사용한 것이다.

오늘날에는 성경 자체의 본질에 관해 동일한 형태의 논쟁이 맹

위를 떨치고 있다. 성경의 완전 영감과 계시적 성격을 부정하는 사람들도 성경을 "하나님 말씀" 또는 "무류한"(infallible) 것으로 부르는 데는 주저하지 않을 것이다. 그러나 그들은 "무오"(inerrancy)라는 신학 용어를 들으면 숨통이 콱 막힐 것이다.

만일 성경이 무류하고 영감(靈感)된 하나님 말씀이라면, 왜 "무오"라는 단어를 사용하길 주저하는가? 유오한 것이 하나님 말씀이 될 수 있는가? 하나님이 오류(誤謬)를 영감하시는가? 무류한 것이 실제로 오류를 범할 수 있는가?

성경 무오를 거리낌 없이 수호하는 J. I. 팩커는 "무오"라는 단어를 "쉽볼렛"(Shiboleth)이라고 부른다. 발음하기 어려운 쉽볼렛이라는 단어는 진짜 이스라엘 사람과 정탐꾼을 구별하는 암호 역할을 했다(사사기 12장 6절을 보라).

무오라는 단어도 같은 역할을 한다. 성경의 완전한 신뢰성을 단언하는 데 그 단어가 방어벽이 될 수 있다. 분명히 무오라는 단어는 "삼위일체"처럼 왜곡되고 오해될 수 있다. 그러나 그것은 무의미한 말들을 사용하는 데 아무런 양심의 가책을 느끼지 않는 사람들을 막는 안전장치 역할도 수행하고 있다.

반대 의견 2_ 삼위일체 교리는 모순이며, 따라서 비합리적이다

한번은 한 철학 교수를 만난 일이 있다. 그는 기독교의 명백한 비합리성에 대해 불평을 늘어놓았다. "기독교의 전체 구조는 명백한 모순 위에 세워져 있습니다." 그가 생각하는 모순이 무엇인지

묻자 그는 즉시 "삼위일체!"라고 대답했다. "어떻게 세 신(神)이 있는 동시에 한 하나님이 있을 수 있습니까?"

나는 한 가지 목적을 위해 이 일화를 소개하였다. 전문 철학자들은 논리학을 사용하는 데 잘 훈련되어 있으며, 대부분 고도의 기술을 가지고 있다. 엄밀하고 논리적으로 명제를 분석하는 것이 그들의 일이다. 그러한 전문가가 삼위일체에 대한 교회 신조를 그토록 대담하게 공격한 것은 단연 내 주의를 끌었다.

나는 많은 그리스도인이 적어도 부분적으로는 그 철학 교수의 말에 동의하리라는 사실을 알고 있다. 그 철학 교수가 그랬던 것처럼 그들은 기독교를 거부하지 않지만, 삼위일체가 모순된다는 데에는 동의한다. 그러나 그것은 그 그리스도인들을 성가시게 하지 않는다. 그들은 기독교가 모순을 포용해도 아무 문제가 없다고 확신한다. "하나님의 길은 우리 길과 다르기" 때문이다.

어떤 그리스도인들은 모순이 진리의 고차원적 질서를 상징한다고 여기고 그 모순을 즐거워하기까지 한다. 이것은 칼 바르트와 에밀 브루너와 같은 신학자들에 의해 유명해진 변증 신학(Dialectical Theology)이나 신정통주의(Neo-Orthodoxy)로 알려진 신학 형식이 낳은 비극적인 결과다. 바르트는 모순을 포용하고 용인할 수 있을 때 비로소 성숙한 그리스도인이 된다고 주장하였다. 또한 브루너는 모순이 진리의 증거 자체라고 주장하는 데까지 이르렀다.

변증 신학자들은 괜찮을지 모르지만, 나는 "모순에 의지하는 기독교"라는 개념이 매우 성가시다. 성경에서 모순은 진리의 증거가 아니다. 그것은 거짓의 증거다. 사탄의 음험한 도구다. 하나님은 아담에게 이렇게 말씀하셨다.

여호와 하나님이 그 사람에게 명하여 이르시되 동산 각종 나무의 열매는 네가 임의로 먹되 선악을 알게 하는 나무의 열매는 먹지 말라 네가 먹는 날에는 반드시 죽으리라 하시니라(창 2:16, 17).

"반드시 죽으리라." 하나님은 분명하게 단언하셨다. "네가 먹는 날에는 죽으리라." 논리학적 견지에서 이 말은 이렇게 표현될 수 있다.
"만일 네가 A를 행하면, 반드시 B가 따를 것이다."
그런데 사탄은 찾아와 이렇게 말했다. "네가 죽지 않으리라." 그의 개념은 다음과 같다.
"만일 네가 A를 행하면, 비(非)B가 따를 것이다."
다시 말해서, 사탄은 분명한 모순을 가지고 하와를 찾아왔다. 우리는 그 대화가 이런 식으로 전개되었으리라고 상상할 수 있다.

사탄_ 하와, 어서 먹어 봐. 너는 죽지 않을 거야.
하와_ 하지만 뱀. 네 말은 나의 창조자이신 하나님이 내게 하신 말씀과 완전히 모순되는걸.
사탄_ 하와! 걱정하지 마. 하나님의 길은 우리 길과 달라. 우리에게 모순되는 것이 하나님에게는 모순되지 않아. 게다가 너는 모순들이 진리의 증거인 줄 알고 있잖아. 나를 믿어. 모순되는 내 말은 내가 더 고차원적인 진리를 가지고 너를 찾아왔다는 사실을 입증하고 있는 거야.

하와_ 음, 매력적인 말이야. 그리고 그 나무 열매도 맛있어 보여. 그렇지만 나는 아직도 어떻게 해야 할지 확신이 서지 않아.

사탄_ 하와, 제발 고지식하게 굴지 마. 너는 다만 헬라적 사고의 범주(Greek categories of thought)에 매달리고 있을 뿐이야. 너는 성숙한 거야, 그렇지 않은 거야? 네가 정말 성숙한 신자라면 모순이 편안해야 해. 만일 모순되는 내 말을 믿는다면, 너는 실패하지 않을 거야. 너는 인류를 위해 큰 진보를 이루게 될 거야.

하와_ 알았어. 나무를 향한 작은 걸음이 인류를 향한 큰 진보를 이룬단 말이지. 그렇다면 어디 먹어 볼까!

어떤 명제의 신뢰성을 논리적으로 점검하는 모순율(the Law of Contradiction)이 없다면, 우리에게는 의와 불의, 순종과 불순종, 진리와 거짓, 그리스도와 적그리스도를 구별할 길이 없다.

모순율은 아무 내용이 없다. 아무 정보도 제공하지 않는다. 새로운 지식을 제공하는 능력 면에서 모순율은 무능하다. 모순율의 힘은 그 지배력에 있다. 그것은 우리가 합리성의 경계선을 넘을 때 사이렌을 울리기 시작하는 경찰관과 같다. 모순율은 단호한 주인이다. 그것은 우리 사고의 일관성을 점검한다. 그리고 그것은 모호함을 싫어하고 명료함을 좋아한다.

"일관성은 소심한 마음이라는 도깨비다"라는 말이 있다. 그 말이 사실이라면, 하나님은 많은 도깨비에게 휩싸여 계시다. 그분의 생각은 극도로 세심해야 하기 때문이다.

하나님은 일관되시다. 한마디로, 하나님은 합리적이시다. 물론 하나님은 이성 그 자체를 초월하는 분이다. 그러나 그분은 (성경을 따른다면) 일관성 있는 존재시다. 모순과 불일치의 하나님을 좋아하는 사람들은 자신만의 하나님을 창조해야 할 것이다. 진정한 하나님은 그들에게 맞지 않을 것이기 때문이다.

반대 의견 2에는 내가 동의하는 한 가지 측면이 있다. 삼위일체 개념이 모순된다면, 그것이 불합리하다는 결론을 피할 수 없으리라는 것이다. 나는 그보다 더 논의를 발전시키고자 한다. 만일 그 개념이 불합리하다면, 삼위일체는 우리 믿음의 대상이 될 가치가 없다. 하나님은 아무 의미 없는 진술들로 영광을 받지 않으신다. 삼위일체에 대한 교리가 모순된다면 그것은 무의미한 진술이며, 따라서 포기해야 한다.

이제 실제적인 질문이 남는다. "삼위일체 교리는 모순인가?" 나는 이 질문에 "그렇지 않다"고 분명히 대답할 수 있다. 그러나 그렇게 하는 것으로는 문제가 해결되지 않을 것이다. 그 대답은 단순한 부정을 넘어 단호한 부정이어야 한다. 따라서 나는 "그렇지 않다"고 하기보다는 "절대 그럴 수 없다!"고 대답한다. 나는 "절대"라는 말을 강조한다. 교회의 삼위일체 교리에는 조금의 모순도 존재하지 않는다.

논리 법칙과 직접 추론 법칙은 객관적이면서 비인격적이다. 그 법칙들은 감정적인 편견 없이 명제에 적용될 수 있을 것이다. 그 법칙들은 수학 공식처럼 선입견이 배제되어 있다. 이러한 엄격한 규칙들을 삼위일체 교리에 적용할 때, 우리는 절대적으로 명료하게 그 안에 아무런 모순도 없다는 사실을 볼 수 있다. 삼위일체 교리를 다시 살펴보자.

"하나님은 본질상 하나이시며, 위격상 셋이시다."

이 교리는 하나님에 관해 (모순되지는 않지만) 서로 다른 두 가지 사실을 진술하고 있다. 한편으로 하나님이 본질상 하나시라는 사실을 단언하고 있다. 다른 한편으로는 하나님이 위격상 셋이시라는 사실을 단언한다. 우리는 이 교리를 다시 이렇게 진술할 수 있다.

"하나님은 A상 하나이시다. 하나님은 B상 셋이시다."

A와 B가 모순이라면, 삼위일체 교리는 모순에 더 가까워질 것이다. B가 A와 반대된다면, 우리는 B를 비(非)A라고 부를 수 있다. 그렇게 되면 교리는 이렇게 된다.

"하나님은 A상 하나이시다. 하나님은 비(非)A상 셋이시다."

이것이 사실이더라도(물론 사실이 아니다) 삼위일체 교리가 반드시 모순인 것은 아니다. 만일 어떤 존재나 사물이 4개의 차원을 가지고 있다면, 그 존재나 사물은 A상 하나이며, 그와 동시에 3개의 비(非)A를 소유할 수 있기 때문이다.

이 문제를 해결하기 위해서 우리는 모순율(종종 비모순율이라고 일컬어지기도 한다)을 가지고 그 교리를 검토해 보아야 한다. 모순율은 다음과 같이 진술된다.

"같은 관계 안에서 A는 동시에 비(非)A일 수 없다."

이것은 무언가가 같은 관계 안에 있으면서 존재하는 것과 존재하지 않는 것을 동시에 할 수 없음을 의미한다.

다시 설명해 보자. 나는 남자다. 남자인 나를 동시에 단언할 수 있는 몇 가지 사실이 있다. 나는 아버지이자, 아들이자, 남편이다. 나는 세 가지 서로 다른 이 사실에 동시에 속해 있다. 그러나 같은 관계 안에서 볼 때, 나는 이 세 가지 사실 모두에 속할 수 없다. 나는 동시에 아버지이자 아들일 수 있지만, 같은 관계 안에서 그럴 수는 없다. 말하자면 나는 나 자신의 아버지일 수 없다. 나는 내 아버지의 아들이며 내 아들의 아버지다. 하지만 내가 나 자신의 아버지나 나 자신의 아들일 수는 없다.

이제 삼위일체 교리로 돌아가 보자. 만일 하나님이 본질상 오직 하나시라고 말한 다음에 하나님이 본질상 셋이시라는 말을 덧붙인다면, 진짜 모순일 것이다. 같은 관계 안에서 하나인 동시에 다수(多數)일 수 있는 것은 없다.

그러나 삼위일체 교리는 그러한 사실을 단언하지 않는다. 그 교리는 하나님이 한 가지 사실(본질)상 하나인 동시에 다른 한 가지 사실(위격)상 셋이라고 말한다. 본질과 위격이 동일한 것으로 입증되지 않는 한, 그 교리는 모순되지 않는다.

하나님에 관한 모순된 진술을 피하기 위해 교회는 본질과 위격을 주의 깊게 구별하였다. 이제 다음과 같은 문제가 남아 있다. "본질과 위격의 이러한 구별이 타당한가? 실제로는 아무 차이 없이 말로만 구별하는, 단순한 말장난인 것은 아닌가?"

우리는 다음 장에서 이 질문을 탐구할 것이다. 지금은 본질과 위격이 실제로 다르다면, 삼위일체 교리는 모순되지도, 비합리적이지도 않다고 결론 내리고자 한다.

삼위일체 교리는 논리적이면서 성경적이다.

Chapter 4

하나님의 본질과 위격

그리스도인이 되는 데는 위대한 지성이 요구되지 않는다. 한 인간이 소유하고 있는 모든 지성이 요구된다. - 리처드 C. 레인즈

삼위일체를 이해하는 데 매우 중요한, 본질과 위격의 구별을 분석하기 전에 우선 신비(mystery, 한글 성경은 주로 "비밀"이라고 번역하였다[골 1:26, 27, 엡 5:32 참고])의 본질을 논해야 한다.

나는 하나님이 비합리적인 분이 아니라는 사실을 자세하게 논했다. 하나님은 일관성이 있으시다. 그분의 말씀은 명료하다. 그러나 그것이 기독교에 신비가 없다는 뜻은 아니다. 다시 말해 나는 서로 쉽게 혼동되는 곤란한 세 가지 개념을 구별했다. 바로 모순, 역설, 신비다.

우리는 이미 모순을 정의하였다. 이제 나머지 두 개념을 설명하고자 한다.

역설

역설은 종종 모순의 동의어로 사용된다. 이것은 불행한 일이다. 그 두 단어는 뚜렷하게 다르기 때문이다. 두 단어의 기원을 살펴보면 그 차이를 추적할 수 있다.

역설(paradox)이라는 단어는 전치사와 어근으로 구성되어 있다. 전치사 "para"는 "……의 곁에"라는 뜻이다. 우리는 "para"라는 전치사를 생각할 때, 준의료종사자(paramedics)나 법률가 보조원(paralegals)을 떠올리게 된다. 이때 para는 어근에 해당하는 대상과 함께 일하는 사람들을 설명한다. 그러나 역설이라는 단어의 결정적인 특징은 어근에 있다. "dox"라는 어근은 "생각하다", "……으로 여겨지다", "……처럼 보이다"라는 뜻을 가진 헬라어 도케인(dokein)에 기원을 두고 있다. 역설이란 다른 무언가와 함께 있을 때 옆에 있는 것처럼 나타나거나 보이는 것을 의미한다. 역설이 그렇게 불리는 것은 그것이 모순처럼 보이기 때문이다. 그러나 역설은 모순이 아니다.

역설은 모순에 상당히 가까워질 수 있기 때문에, 쉽게 모순으로 오해받을 수 있다. 삼위일체 교리는 진짜 역설이다. 얼핏 보기에 모순처럼 보이지만, 세밀히 검토해 보면 그렇지 않다는 사실이 입증된다.

찰스 디킨스의 『두 도시 이야기』(A Tale of Two Cities) 첫 부분을 기억하는가? 디킨스는 강력한 문학적 표현으로 역설을 솜씨 좋게 사용하고 있다.

그것은 최고의 시절이자 최악의 시절이었다.

어떻게 한 시절이 최고인 동시에 최악일 수 있는가? 그 문제는 두 가지 서로 다른 관계를 살펴볼 때 해결된다.

디킨스가 묘사한 시기는 역사상 어떤 면에서는 사람들이 체험한 최고의 시절인 동시에 최악의 시절인 갈등의 시기였다. 엄청나게 산업이 발전한 그 시기는 일부 사람들에게 거대한 부를 축적할 기회를 주었다. 그들에게는 그 시기가 최고의 시기였다. 반면 다른 사람들은 가난과 고통이 심해지고 있었다. 그런 사람들에게 그 시기는 최악의 시기였다.

세 번째로 소개하는 용어 때문에 역설과 모순을 구별하는 일이 더 혼란스러워질 것이다. 바로 "이율배반"(antinomy)이라는 단어다. 이율배반이란 단순히 "법에 어긋나는"(against law) 것을 말한다. 원래 이율배반은 "모순"과 동의어였다. 모순율에 어긋나는 명제나 일련의 명제들을 이율배반이라고 하기 때문이다.

언어가 진화하고 모호한 변화를 겪으면서 이율배반은 역설의 동의어로 사용되기 시작하였다. 특히 영국인들이 그렇게 사용하였다. 누군가가 "이율배반"이라는 용어를 사용하는 것을 들을 때면, 나는 그들이 모순을 말하는 것인지 역설을 말하는 것인지 확실하게 알 수가 없다.

기독교의 사고에는 역설적인 것이 많다. 예수님은 인간인 동시에 신이셨다. 성경은 우리가 종이 될 때에 비로소 자유로울 수 있다고 말한다. 이런 것들은 파악하기 어려운 역설이지만 결코 모순은 아니다.

신비

간단히 말하자면, 신비는 우리가 이해하지 못하는 어떤 것을 가리킨다. 무언가가 신비롭다고 해서 그것이 사실이 아니라는 뜻은 아니다. 우리에게 그 이상의 정보가 있다면, 그 신비를 이해할 수도 있다. 그러나 지금 당장은 그것을 이해하는 것이 곤란하다. 성경은 우리에게 다음과 같은 사실을 일깨워주고 있다.

우리가 지금은 거울로 보는 것같이 희미하나 그때에는 얼굴과 얼굴을 대하여 볼 것이요 지금은 내가 부분적으로 아나 그때에는 주께서 나를 아신 것같이 내가 온전히 알리라(고전 13:12).

성경은 많은 신비를 계시한다. 예를 들어, 바울은 이렇게 쓰고 있다.

보라 내가 너희에게 비밀을 말하노니 우리가 다 잠 잘 것이 아니요 마지막 나팔에 순식간에 홀연히 다 변화되리니 나팔 소리가 나매 죽은 자들이 썩지 아니할 것으로 다시 살아나고 우리도 변화되리라(고전 15:51, 52).

이 비밀은 만세와 만대로부터 감추어졌던 것인데 이제는 그의 성
도들에게 나타났고 하나님이 그들로 하여금 이 비밀의 영광이 이
방인 가운데 얼마나 풍성한지를 알게 하려 하심이라 이 비밀은 너
희 안에 계신 그리스도시니 곧 영광의 소망이니라(골 1:26, 27).

하나님은 많은 신비를 계시하셨다. 아직 우리가 이해하지 못한
채 베일에 가려져 있는 신비들도 있다. 바울은 남자와 여자의 결합
을 말하면서 이렇게 덧붙였다.

이 비밀이 크도다 나는 그리스도와 교회에 대하여 말하노라(엡
5:32).

최근에 어떤 사람이 내게 이렇게 질문했다. "박사님, 도대체 무
엇이 빛을 초속 30만 킬로미터로 이동할 수 있게 만드는 겁니까?"
나는 그 질문에 쩔쩔맸다. 물리학자나 천문학자라면 대답할 수 있
을 것이다. 하지만 나는 그렇게 할 수 없었다.

나는 빛이 그런 속도로 이동한다는 사실은 알지만, 그 이유는 모
른다. 나는 운동의 본질 자체가 수천 년 동안 철학자와 과학자를
곤란케 해왔음을 알고 있다. 우리를 당황하게 만드는 실재의 차원
은 다양하다. 그러나 우리의 이해력 부족이 그것들을 덜 실제적으
로 만들고 있다.

신비는 종종 모순과 혼동된다. 그 이유는 분명하다. 신비와 모순

은 둘 다 지금 당장은 이해되지 않기 때문이다. 이 둘의 차이는 신비가 추가 정보를 통해 이해될 수 있는 반면, 모순은 결코 이해될 수 없다는 것이다. 우리가 모순을 이해할 수 없는 이유는 그것을 이해하는 것이 본질적으로 불가능하기 때문이다. 아무리 두뇌가 날카로운 사람일지라도 모순은 이해할 수 없다.

　이제 나는 주저 없이 삼위일체가 복잡한 신비라고 인정한다. 삼위일체가 신비로운 것은 어떻게 한 존재가 세 위격을 포함할 수 있는지 우리가 이해하지 못하기 때문이다. 우리는 한 존재를 한 인격과 동일시하는 비율에 익숙하다. 내가 이 세상에서 알고 있는 모든 사람은 하나의 구별된 존재다. 우리는 한 인격이 한 존재를 포함한다는 생각에 익숙하다. 그러나 순수한 존재의 개념은 우리에게 한 존재를 하나의 단일한 인격에 제한할 것을 전혀 요구하지 않는다.

　그리스도의 인격을 묵상할 때, 우리는 동일한 형태의 신비에 빠져들게 된다. 교회는 그리스도께서 한 인격에 두 가지 속성을 지니셨다고 본다. 우리는 그리스도 안에서 인성과 신성을 모두 지니신 한 인격체를 만나게 된다. 이것 역시 우리에게 익숙한 사고 틀과는 모순된다.

　서로 구별되는 두 가지 본질 또는 속성을 가진 한 인격체라는 개념은 우리의 체험과 맞지 않다. 그러나 단일한 인격체가 두 가지 본성을 가질 수 없음을 요구하는 논리 법칙은 존재하지 않는다.

　교회가 삼위일체를 공식화할 수밖에 없었던 이유 가운데 하나는 무엇보다 이단을 막는 담을 쌓기 위해서였다는 사실을 기억하

라. 교회는 한편으로는 삼신론(三神論, tritheism, 다신교의 한 형태로 신이 셋 있다는 개념)을 막고, 다른 한편으로는 단일신론(單一神論, unitarianism), 즉 그리스도와 성령의 신성을 부인하는 개념을 막아야 했다.

교회는 451년 칼케돈 공의회에서 그 경계를 확립하였다. 예수님이 참인간이시자 참하나님이라고 선언하는 과정에서 교회는 그리스도의 완전한 신성을 부인한 견해와 그분의 진정한 인성을 부인한 사람들의 견해 사이에서 진로를 더듬고 있었다.

내가 신학생일 때, 후에 예일대학교 신학대학원 학과장이 된 어느 신학 교수가 이렇게 말했다. "칼케돈의 경계를 벗어나고 싶다면, 여러분은 여러분이 취할 이단(異端)을 선택해야 합니다."

본질과 위격

삼위일체 교리를 다루는 과정에서 우리는 본질(존재)과 위격의 차이를 거듭 언급했다. 이러한 용어들은 어디서 왔는가? 그 용어들을 하나님께 적용할 때, 어떻게 이해해야 하는가?

하나님의 본질을 이야기할 때, 우리는 헬라 사상에서 한 가지 개념을 차용하고 있다. 바로 존재(being)의 개념이다. 일부 신학자들은 이 점에 항의한다. 이미 살펴보았듯이, 이 개념은 이교(異敎) 철학이 순수한 히브리 사고에 침투한 사실을 함축한다는 공격을 받아왔다.

이것을 보면 마치 성령께서 겪으신 것보다 일부 신학자들이 헬라어에 대해 더 큰 어려움을 겪는 것만 같다. 성령께서는 신약성경의 계시를 전달하는 수단으로 헬라어 사용하기를 기뻐하셨다.

신약성경에 쓰인 헬라어에서 우리는 우시아(ousia)라는 단어의 다양한 형태를 접할 수 있다. 우시아는 "존재"를 뜻하는 헬라어로, "……이다"(to be)라는 뜻을 지닌 현재 능동태 분사다.

영어에서 존재의 개념은 기본적인 것이다. 과연 우리가 어떤 형태든 "……이다"라는 말을 사용하지 않으면서 얼마나 오랫동안 글을 쓰거나 말을 할 수 있을까? "am", "is", "are", "were", "was", 그리고 "shall"과 같은 단어는 존재의 개념에 뿌리를 두고 있다. 존재는 어떤 사물의 본질을 언급한다. 고대 헬라 철학자 파르메니데스는 "존재하는 모든 것은 존재한다"라는 심오한 말로, 존재에 관해 진술했다.

하나님의 존재 또는 하나님의 본질을 이야기할 때, 우리는 하나님이 어떤 분인지를 말하는 것이다. 우리는 하나님의 속성들이 하나님을 보여준다고 믿는다. 하나님께는 무언가가 함께 합쳐져서 존재를 형성하는 부분이 없다는 면에서 하나님은 단일하고 일체화된 분이다.

하나님은 둘 또는 그 이상의 부분으로 구성된 분이 아니다. 하나님은 본질적으로 한 분이다. 그것이 교회가 하나님의 삼위일체를 주장하는 이유다. 신성의 위격상 복수성(複數性)은 하나님의 본질적인 일체성(一體性)을 부정하지 않는다.

하나님의 세 부분이라는 견지에서 삼위일체를 생각하면 삼신론에 빠지게 되며, 그것은 하나님의 단일성과 일체성을 파괴한다. 교회는 어떤 희생을 치르더라도 성경적인 일신론의 완전한 형태가 손상되지 않도록 애써왔다.

교회는 신성의 세 위격에 대해서 이야기할 때, 성경에서 지원을 받는다. 이 문제와 관련하여 매우 중요한 성경 본문 몇 군데를 살펴보자.

요한복음 서문에 나타난 본질

기독교사의 처음 3세기 동안 교회가 그리스도의 본질에 대해 내세운 의견의 핵심은 요한복음 서문, 즉 요한복음 1장 1-18절에 나와 있다. 요한이 그리스도에 대해서 로고스(*logos*, 말씀)의 개념을 사용한 사실은 신학자들의 생각을 사로잡았다. 여기서 우리는 예수님에 관한 신약성경의 가르침 가운데 가장 추상적이며, 아마도 가장 심오한 교훈을 발견하게 된다.

요한복음은 다음과 같은 말씀으로 시작된다.

> 태초에 말씀이 계시니라 이 말씀이 하나님과 함께 계셨으니 이 말씀은 곧 하나님이시니라 그가 태초에 하나님과 함께 계셨고(요 1:1, 2).

요한은 여기서 말씀(로고스)에 관해 놀라운 진술을 하고 있다. "태초에" 말씀이 계셨다. 계속해서 요한은 말씀이 창조에 참여하셨다고 선언한다. "태초"는 창조의 때를 언급하고 있으며, 세상이 창조되기 전에 말씀이 존재했다는 것을 가리킨다. 즉 로고스는 우주보다 먼저 존재하였다. 신학자들이 그리스도의 "선재"(先在)를 언급할 때 의미하는 바가 바로 이것이다. 보통 기독교 신학은 그리스도의 선재를 영원성과 연결한다. 즉 교회는 그리스도의 완전한 신성을 고백할 때, 예수님이 세상보다 선재하셨을 뿐 아니라 영원히 세상보다 선재하셨다고 단언하는 것이다.

모르몬교도와 여호와의증인은 예수님이 선재하셨다는 사실에 동의하지만, 그분이 "영원하셨다" 또는 "영원하시다"는 사실은 부인한다. 이들은 예수님을 성부에 의해 창조된 최초의 피조물이라고 주장한다. 성경이 그리스도를 "모든 창조물보다 먼저 나신 자"라고 부르고, 성부에게서 "나셨다"고 말하기 때문이다. 그리고 그 후에 예수님이 세상의 창조에 참여하셨다고 여긴다.

요한은 로고스가 세상보다 먼저 계신 사실 이상을 이야기하고 있다. 그는 말씀이 하나님과 함께 계셨다고 말한다. 이 진술에는 두 가지 중요한 측면이 있다.

첫째, "함께"라는 단어의 용법에 주목하자. 헬라어에는 "함께"라고 번역될 수 있는 단어가 세 개 있다. 먼저 순(sun)이라는 단어가 있는데, 영어 "syn"이라는 접두사가 그 단어에서 파생되었다. 시계를 맞출(synchronize) 때, 우리는 시계들의 시간을 서로 "함께" 맞춘다. 사람들이 "함께" 있도록 모이는 장소를 의미하는 회당(synagogue)이라는 단어 역시 이 접두사를 사용하고 있다. 두 번째 헬라어는 메타(meta)라는 단어다. 이 단어는 주로 "곁에" 있다는 뜻에서 "함께"로 번역된다. 세 번째 단어는 세 가지 헬라어 가운데 가장 친밀한 관계를 뜻한다. 바로 프로스(pros)라는 단어다. 이 짧은 단어는 "얼굴"을 뜻하는 프로소폰(prosopon)이라는 더 긴 헬라어의 기초를 이룬다. 프로스는 얼굴을 마주 대하는 관계에서 누군가와 함께 있음을 함축한다.

요한이 서문에서 사용한 단어는 바로 프로스다. 로고스와 하나님이 "함께하셨다"고 선언할 때, 요한은 로고스가 하나님과 함께 친밀하고 인격적인 관계를 누리셨다는 개념을 전달하고 있는 것이다.

이 구절에서 중요한 두 번째 특징은 요한이 로고스와 하나님을 분명히 구분하고 있다는 것이다. 이것이 우리가 신성을 구분해야 하는 주된 이유다. 성경은 성부와 성자와 성령을 명확히 구분하고 있다. 요한복음 1장은 이러한 구분을 분명하게 보여준다.

그러나 우리가 가장 주목하게 되는 것은 요한의 세 번째 단어이다. 요한은 단순히 말씀이 하나님과 함께 계셨다고 말하는 데 만족하지 않는다. 그는 계속해서 "이 말씀은 곧 하나님이시니라"고 선언한다.

여기서 우리는 그리스도의 신성에 대한 신약성경의 가장 분명하고도 명백한 단언을 발견할 수 있다. 요한은 앞선 진술에서 로고스와 하나님을 구분한 반면, 이제는 "……이다"를 뜻하는 동사 가운데 한 형태를 사용하여 로고스와 하나님의 일치성을 선언하고 있다. 로고스의 존재와 하나님의 존재가 동일시되고 있는 것이다.

이것은 성경에 충실하려고 애쓰는 교회가 삼위일체에서 삼위의 일체성(一體性, 또는 단일성_옮긴이)을 주장하게 된 한 가지 중요한 이유다. 성경은 로고스와 하나님의 동일성을 분명히 선언하고 있다. 그 두 분은 존재 또는 본질상 하나인 것이다.

그러나 우리는 여전히 로고스와 하나님 사이에 존재하는 구분을 존중해야 한다. 이 구절에서 두 가지 사실이 분명히 드러나고 있다.

1. 우리는 로고스와 하나님 사이의 존재의 일체성을 유지해야 한다.
2. 우리는 로고스와 하나님의 본질적인 일체성을 왜곡하지 않은 채로 로고스와 하나님을 구분해야 한다.

로고스와 하나님이 구분된다 하더라도, 그 구분은 분명 본질적인 구분이나 본질적인 분리가 아니다.

모르몬교도와 여호와의증인은 이 본문의 명백한 가르침을 피하기 위해 엄청난 언어적·지적 훈련을 거치고 있다. 실제로 그들은 이 본문에서 자기들의 견해들을 끌어내기 위해 본문을 곡해하고 있다. 예를 들어, 여호와의증인의 성경은 본문을 이런 식으로 번역한다.

이 말씀은 곧 한 하나님이시니라(And the Word was a god).

여호와의증인의 번역은 언어적인 오류에 빠져 있다. 헬라어 본문에는 정관사 "the"가 생략되어 있다. 헬라어에는 부정관사가 없는데, 헬라어에서 한 명사가 정관사 없이 나타날 때 문맥상 타당하다면 부정관사 "a"가 보충될 수 있다. 그런데 만일 문맥상 그러한 추가를 할 수 없는 경우가 있다면, 바로 이 구절의 문맥이 그 경우다.

모르몬교도와 여호와의증인이 여기에 부정관사 "a"를 넣고 싶다면, 그들은 가장 저급한 수준의 다신교에 빠지게 된다. 로고스가 "그"(the) 하나님이 아니라 "한"(a) 하나님이라면, 우리는 다음과 같은 분명한 질문을 제기해야 한다. "그렇다면 얼마나 많은 하나님이 존재하시는가?" 요한복음 기자에 대해 조금이라도 아는 사람은 그가 철저한 일신론자라는 사실을 알 것이다.

대부분의 모르몬교도와 여호와의증인도 그 사실에 동의할 것이다. 그들은 더 미묘한 말씀을 근거로 대며 변명을 늘어놓고 있다. 그들은 예수님이 하신 더 미묘한 말씀으로 주의를 환기시킨다. 예수님과 예수님을 중상한 자들 사이에 다음과 같은 논쟁이 벌어졌다.

유대인들이 대답하되 선한 일로 말미암아 우리가 너를 돌로 치려는 것이 아니라 신성모독으로 인함이니 네가 사람이 되어 자칭 하나님이라 함이로라 예수께서 이르시되 너희 율법에 기록된바 내가 너희를 신이라 하였노라 하지 아니하였느냐 성경은 폐하지 못

하나니 하나님의 말씀을 받은 사람들을 신이라 하셨거든 하물며 아버지께서 거룩하게 하사 세상에 보내신 자가 나는 하나님의 아들이라 하는 것으로 너희가 어찌 신성모독이라 하느냐 만일 내가 내 아버지의 일을 행하지 아니하거든 나를 믿지 말려니와 내가 행하거든 나를 믿지 아니할지라도 그 일은 믿으라 그러면 너희가 아버지께서 내 안에 계시고 내가 아버지 안에 있음을 깨달아 알리라 하시니 (요 10:33-38).

모르몬교도와 여호와의증인은 요한복음 1장 1절을 "이 말씀이 곧 한 하나님이시니라"고 번역한 것을 정당화하는 데 이 본문을 내세운다. 여기서 예수님은 신이라는 단어가 인간들에게 사용된 시편 82편 말씀을 인용하셨다. 그렇기 때문에 모르몬교도와 여호와의증인은 요한이 로고스가 "한" 하나님이라고 선언한 서문은 로고스가 실제로 하나님이라는 사실을 의미하지는 않는다고 주장한다.

그러나 요한복음 10장을 면밀히 검토해 보면, 예수님을 신성모독 죄로 고소한 유대인들과의 대화에서 예수님이 자신의 신성을 부인하고 계신 것이 아님을 알 수 있다. 그 본문은 사실상 예수님의 신성을 강력하게 단언하고 있다.

이 논쟁에서 예수님은 신성모독 죄라는 고소에 답변하고 계신다. 예수님의 원수들은 자신이 하나님이라는 예수님의 주장을 비난하였다. 그들은 "사람이 되어 자칭 하나님이라" 했다는 이유로 예수님을 신성모독 죄로 고소하였다. 적어도 유대인들은 모르몬교도와 여호와의증인이 파악하지 못한 사실, 즉 예수님이 사실상 하나님이라고 주장하신 사실을 이해하고 있었던 것이다.

예수님의 미묘한 답변은 그분이 사용하신 논쟁 방법을 배경으로 이해해야 한다. 예수님이 사용하신 논쟁 방법은 이론보다 논의의 상대를 향하는 정황적 대인 논증(ad hominem)의 전형적인 사례다. 우리는 이 방법을 사용할 때 "상대방"을 상대로 논쟁을 벌인다. 즉 잠시 반대자의 견해에 서서 논리적 결론을 취하여 그 견해의 불합리성을 입증하는 것이다(이것은 간접 환원법[reductio ad absurdum]이라고도 불린다).

모르몬교도와 여호와의증인은 예수님이 이렇게 말씀하신 것으로 해석하고 있다. "너희는 내가 나 자신을 하나님의 아들이라고 부른다는 이유로 나를 신성모독 죄로 고소하느냐? 들어보아라. 내 말은 시편 기자가 말한 것을 뜻할 뿐이다. 구약에서 '신들'이라고 불린 피조물들보다 내가 더 거룩하다는 뜻이 아니다."

요한복음 10장을 이렇게 해석하면, 예수님은 신이라는 단어 자체가 반드시 신성을 의미하지는 않는다는 근거를 들어 신성모독이라는 고소를 피하셨을 것이다. 그러나 이것은 예수님이 그 논쟁에서 말씀하시려는 핵심이 아니다. 예수님이 말씀하신 의미는 오히려 이런 것이다. "시편 기자가 '너희는 신들이며 다 지존자의 아들들이라'(시 82:6)고 말한 것이 신성모독이 아니었다면, 성부의 독생자를 언급하기 위해서 하나님이라는 단어를 사용하는 것은 얼마나 덜 신성모독적이냐? 사소한 의미에서 이스라엘의 모든 자녀를 신성모독과

상관없이 하나님의 자녀라고 불렀다면, 하나님의 유일한 아들인 자를 하나님이라고 부르는 것은 얼마나 덜 신성모독적이냐?"

같은 구절에서 예수님은 아버지에 의해 세상에 보냄 받으신 사실을 언급하셨다. 그러고 나서 자신과 아버지의 일체성을 선언하고 계신다. "아버지께서 내 안에 계시고 내가 아버지 안에 있음을 깨달아 알리라."

다시 요한복음 1장 1절로 돌아와서, 우리는 이 구절을 "이 말씀이 곧 한 하나님이시니라"라고 번역해서는 안 되는 피할 수 없는 이유를 보게 된다. 모르몬교도와 여호와의증인의 추론을 따른다면, 우리는 요한이 최악의 동음이의어 사용 오류를 범했다는 결론에 이르게 될 것이다. 동음이의어 사용 오류는 어떤 논쟁이나 추론 과정에서 전제에 사용된 용어의 의미가 바뀔 때 일어난다. 요한은 이렇게 썼다.

태초에 말씀이 계시니라 이 말씀이 하나님과 함께 계셨으니 이 말씀은 곧 하나님이시니라 그가 태초에 하나님과 함께 계셨고.

정관사가 있든 없든 요한이 일관성 있게 논리를 전개하고 있는 것이라면, 하나님이라는 단어는 그 구절 전체에 걸쳐서 같은 의미를 유지해야 한다. 첫 번째 전제에서 하나님이라는 단어가 하나님 자신을 의미하고 있다면, 요한이 동음이의어를 사용하고 있지 않는 한, 두 번째 하나님이라는 단어에도 같은 의미가 적용되어야 한다. 그러나 모르몬교도와 여호와의증인의 주장을 따른다면, 같은 문장 안에서 하나님이라는 단어에 철저하게 다른 의미들을 부여해야 할 것이다.

이 모든 사실과 더불어 요한이 이어지는 문장에서 만물이 로고스로 말미암아 지은 바 되었다고 선언한 사실을 추가하면, 요한이 로고스를 창조주 하나님과 동일시하고 있다는 데 의심할 여지가 전혀 없게 된다.

그러므로 우리는 요한복음 1장 1절이 어떤 의미로는 로고스와 하나님을 구분하는 동시에 또 다른 의미로는 그들을 동일시할 것을 요구하고 있다는 결론에 이르게 된다.

히브리서에 나타난 위격

본질보다 위격의 관점에서 삼위일체의 삼위를 구분하려고 애쓰는 과정에서, 삼위일체 교리는 히브리서에 이론적 근거를 두고 있다. 히브리서 기자는 이렇게 썼다.

옛적에 선지자들을 통하여 여러 부분과 여러 모양으로 우리 조상들에게 말씀하신 하나님이 이 모든 날 마지막에는 아들을 통하여 우리에게 말씀하셨으니 이 아들을 만유의 상속자로 세우시고 또 그로 말미암아 모든 세계를 지으셨느니라 이는 하나님의 영광의 광채시요 그 본체의 형상이시라 그의 능력의 말씀으로 만물을 붙드시며 죄를 정결하게 하는 일을 하시고 높은 곳에 계신 지극히 크신 이의 우편에 앉으셨느니라(히 1:1-3).

히브리서 기자는 그리스도를 "하나님의 영광의 광채시요 그 본체의 형상"으로 묘사하고 있다. 여기서 우리는 성부의 위격과 그 위격의 형상이신 분이 구분된다는 것을 알 수 있다. 존 칼빈은 이 본문을 이렇게 설명한다.

> 사도는 성자를 가리켜 "그 본체의 형상이시라"(히 1:3)고 하였는데, 그는 이때 틀림없이 성부를 성자와 다른 실재로 본 것이다.[7]

위격, 실재, 본체

칼빈의 인용문에서 우리는 칼빈이 신학적 언어에서 자주 대하는 전문 용어를 사용하고 있음을 주목하게 된다. 바로 "실재"라는 단어다. 영어에는 서로 밀접한 관계이면서도 구별될 수 있는 세 단어가 있다. 바로 본질(essence), 실존(existence), 실재(subsistence)다.

평신도들이 자주 하는 질문이 있다. "실존주의가 무엇인가요?" 모든 사람이 실존주의라는 단어를 들어봤지만, 대부분은 그 의미에 대해 모호하고 공허하다고 느낀다. 실존주의의 분위기는 문학, 드

---

7. 존 칼빈, 『기독교강요』 상, 13장, 204쪽, 생명의말씀사.

라마, 영화, 그 밖의 예술 형식들을 통해 폭넓게 전달되어왔다.

20세기의 핵심적인 실존주의 대변인은 1980년에 사망한 프랑스 작가 장 폴 사르트르다. 사르트르는 실존주의의 모토 또는 캐치프레이즈가 된 문구를 만들어냈다. "실존이 본질을 앞선다." 우리의 목적상 우리는 이 문구가 지닌 충분한 철학적 의미를 무시하고 넘어갈 수 있을 것이다. 우리가 당면한 관심사에서 중요한 것은 그 문구가 실존과 본질, 또는 실존과 존재를 날카롭게 구분하고 있다는 것이다.

보편적인 언어 습관에 따라 우리는 흔히 실존(existence)이라는 단어와 존재(beings)라는 단어를 서로 바꿔 사용한다. 우리는 사람들이 실존한다고 말하고, 하나님이 실존하신다고 말한다. 그리고 우리 자신은 인간 존재(human beings)라고 부르고 하나님은 지고한 존재(the Supreme Being)라고 불러서 인간의 존재와 하나님의 존재를 구별한다. 이렇게 하는 이유는 하나님이 우리보다 높은 질서에 속한 분이라는 사실을 인식하고 있기 때문이다.

우리는 피조된 존재다. 의존적이고, 파생되었으며, 유한하고, 변하는 존재다. 한마디로 우리는 피조물이다. 반면에 하나님은 피조물이 아니시다. 하나님은 피조되지 않으셨고, 독립적이시며, 파생되지 않으셨고, 무한하시며, 변하지 않으신다. 그렇지만 그분은 한 존재이시다.

하나님이 "실존하신다"라고 말할 때, 우리는 그분이 실제로, 참으로 존재하신다는 것을 의미한다. 그러나 전문적인 의미에서 하나님이 실존하신다고 말하는 것은 부당하다.

충격적인가? 나는 하나님의 존재라는 실재(實在)에 의문을 제기하고 있는 것이 아니다. 그러나 하나님의 존재는 단순한 "실존"을 초월한다.

"실존하다"(exist)라는 단어는 문자적으로 "밖에 서다"라는 뜻을 가진 라틴어("밖에"라는 뜻의 ex와 "서다"라는 뜻의 sistere의 합성어)에서 파생되었다. 실존하는 것들이 "밖에 서 있다"는 말은 무슨 뜻인가? 원래 그 개념은 다음과 같다. 실존한다는 것은 존재의 밖에 서는 것이다. 그러나 "완전히" 존재 밖에 서 있는 것을 의미하는 것은 아니다. 만일 우리가 완전히 존재 밖에 서 있다면, 우리는 존재하지 않을 것이다. 완전히 존재 밖에 서 있는 것은 비존재(nonbeing) 또는 무(nothingness)밖에 없다.

존재 "밖에 서다"라는 말은 한 발은 존재 안에 두고, 다른 한 발은 비존재 안에 둔 것을 뜻한다. 이런 미묘한 구분의 핵심은 유한하고 변하는 피조된 존재를 위해 여지를 남겨 두는 것이다.

우리는 순수한 존재가 아니다. 우리의 존재는 유동적인 생성(生成, becoming)과 혼합되어 있다. 우리는 실제적인 동시에 잠재적(潛在的, potential)이다. 우리는 언제나 변한다. 그러나 하나님은 변치 않으신다. 하나님께는 잠재적인 것이 없다. 그분은 순수한 실재이시다. 그분은 영원히 스스로 존재하신다. 모세에게 "나는 스스로 있는 자이니라"고 말씀하셨듯이 말이다.

이야기는 더 복잡해진다. 실재라는 단어에는 미묘하게 구별되는 또 다른 의미가 있다. "실재하다"는 문자적으로 "아래에 서다"(to stand under)라는 뜻이 있다. 신학상 그 단어는 존재 밖에 서는 것이 아니라 존재 아래 서는 것을 의미한다.

존 칼빈과 그 밖의 신학자들이 삼위일체 안의 위격들(persons)을 언급할 때는 한 본질(존재)과 세 실재를 소유하고 있음을 의미한다. 신성의 세 위격은 신적 본질 안에 실재하고 계시는 것이다.

삼위일체 교리에 나오는 위격(person)이라는 단어는 라틴어 페르소나(persona)에서 파생된 것이다. 페르소나는 페르(per, 통하여)라는 접두사와 소노(sono)라는 어근의 합성어다. 페르소나는 로마 극장에서 배우들이 얼굴에 쓴 가면을 일컫는 말이었다. 배우들은 페르소나를 쓰고 말을 했다. 우리는 연극계의 상표인 가면의 상징들을 보아왔다. 희극을 상징하는 즐거운 표정의 가면이 있는가 하면, 비극을 상징하는 슬픈 표정의 가면이 있다.

신학계에서 페르소나라는 단어를 사용하는 문제를 두고 큰 논쟁이 벌어졌었다. 그 단어가 극장 언어에 기원을 두고 있기 때문이다. 라틴어로는 페르소나, 영어로는 위격(person)으로 번역되는 신약성경의 헬라어는 휘포스타시스(hypostasis)다. 그러므로 우리는 삼위일체를 말할 때, "신성의 위격적 연합"(hypostatic union of the Godhead)을 뜻하는 것이다.

칼빈은 히브리서 1장을 설명하면서 이렇게 썼다.

> 하나님의 본질은 단일하며 분할할 수 없다. 그리고 하나님은 자신

안에 모든 것을 포함하시되 부분적으로나 파생적으로가 아니고 아주 완전하게 포함하시기 때문에, 성자가 하나님의 본질의 형상(image)이라고 불린다는 것은 당치 않을 뿐만 아니라 불합리한 일이다. 그러나 성부는 비록 자신의 고유한 특성에 있어서는 구별되었지만 성자 안에서 전적으로 자신을 나타내셨기 때문에, 그가 성자 안에서 자신의 본체(hypostasis)를 나타내셨다고 주장하는 것은 충분한 이유가 된다.[8]

칼빈은 그리스도를 "하나님의 영광의 광채"로 묘사한 히브리서 구절을 언급하면서 이렇게 진술했다.

우리는 사도의 이 같은 말을 통하여, 성자 안에 있는 바로 그 본체가 성부 안에 있다고 결론지을 수 있다. 또한 이 사실에서 우리는 성자에게도 본체가 있으며 이것이 바로 성자를 성부와 구별시켜 준다는 것을 쉽게 확인할 수 있다. 이와 같은 이론은 성령에게도 적용시킬 수 있다. 우리가 이제 곧 성령이 하나님이라는 것을 증명하게 되겠지만, 성령을 성부와 구별된 분으로 생각하지 않으면 안 되기 때문이다. 그러나 이것은 본질의 구별이 아니다. 본질을 다양화한다는 것은 옳지 않은 일이다. 그러므로 사도의 증거를 그대로 믿는다고 하면, 하나님께는 세 본체가 있는 것이다. 라틴 교부들은

---

8. 같은 책.

이 말을 "위"(位, person)라는 말로 표현했는데, 이와 같은 명백한 문제를 두고 논쟁한다는 것은 지나치게 까다로운 처사이며, 심지어는 완고한 일로 생각된다. 구태여 이 말을 직역하기 원한다면 실재(subsistence)라는 말로 부를 수는 있을 것이다.[9]

그러므로 우리는 교회가 삼위일체 하나님에 대한 신앙을 고백할 때, 셋이 아니라 하나의 본질 또는 존재가 있지만, 신성 안에 구별되게 존재하는 세 위격이 있다는 개념을 전달하려는 의도가 있음을 보게 된다. 성부, 성자, 성령이라는 이름들은 하나님 안의 본질적인 분열(divisions)이 아니라 신성 안의 위격적 구분(distinctions)을 가리키는 것이다.

지금까지의 지루한 논증을 잘 들어주었기를 바란다. 더 바라는 것이 있다면, 이 논증이 성령을 논의하는 데 갖는 의미를 깨닫는 것이다.

대부분의 신자들은 전문 신학자들에게 기꺼이 신학 토론을 맡기고 그리스도인의 삶을 살아가려 할 것이다. 그러나 여러 세기에 걸친 신학화 작업을 통해 우리는 그 기초가 되는 바른 신앙 없이는 그리스도인의 삶을 바르게 살 수 없다는 사실을 분명히 알 수 있다.

모든 그리스도인이 신학교 훈련을 받은 신학자가 될 필요는 없

---

9. 같은 책, 205쪽.

다. 그러나 모든 그리스도인은 우리가 경배하는 하나님의 본질을 이해해야 한다(우리는 마음[이성]을 다해 하나님을 사랑해야 한다). 자신의 궁핍함과 하나님의 긍휼을 깨달은 죄인이 참으로 진실하게 "주여, 죄인인 저를 긍휼히 여기소서"라고 말할 때처럼, 종종 쉽게 이해될 때도 있다. 그러나 때로는 더 힘겨운 지적 노동이 필요하다. 게다가 하나님과 성령에 관해 상반된 수많은 의견과 진술이 난무하는 와중에서는 지적 노동이 필수다.

성부와 성자와 성령이 한 하나님이지만 성자는 성부가 아니시고 성령도 성자가 아니시며, 그럼에도 각자 독특한 실재를 소유하고 계신다는 데 동의할 수 있다면, 우리는 삼위일체에 대한 전문적인 신학 없이도 살 수 있다.

창조와 구속 계획에서 우리는 신성의 특정 위격이 다른 위격에 종속되신다고 말한다. 예를 들어, 성자 하나님은 성부와 영원히 공존하시며 동일 본질이시지만, 구속 역사에서 성자를 세상에 보내시는 분은 성부이시다. 반면에 성자는 성부를 보내지 않으신다. 마찬가지로 성경은 성자가 성부로 말미암아 나신다고 말한다. 그러나 성부는 성자로 말미암아 나지 않으신다.

마찬가지로 우리는 성령이 성부와 성자로 말미암아 보내심 받고, 성부와 성자로부터 나오신다(proceeds)고 믿는다. 성령은 성부나 성자를 보내지 않으신다. 또한 성자나 성부가 성령으로부터 나오지도 않으신다. 구속 역사에서는 성자가 성부에게 종속되는 것처럼, 성령이 성부와 성자에게 종속되신다.

구속 역사에서 종속된다는 것이 열등하다는 뜻은 아니다. 성자와 성령은 존재, 영광, 위엄, 능력, 가치에서 성부와 서로 동등하시다.

Chapter 5

세상이 창조될 때 성령은 어디 계셨는가

처음 세상의 기초를 놓는 데 도움이 되신 창조주 성령이시여,
오셔서 겸손한 마음을 가진 사람들을 방문하소서.
오셔서 당신의 기쁨을 온 인류에게 부으소서.

- 라틴 찬송가, "임하소서, 창조주 성령이여"

고린도 교회는 회중 안의 무질서 문제로 골치를 썩고 있었다. 성령의 은사 가운데 특히 방언의 은사가 남용되거나 오용되고 있었던 것이다. 그곳에서 일어나고 있던 일은 은사의 난전(亂戰)이라고 불러도 지나치지 않을 것이다.

사도 바울은 목회적인 지침을 알려주고 권면하기 위해 최소한 두 편의 중요한 편지를 썼다. 그는 첫 편지 세 장(章)에서 성령의 은사를 질서 있게 사용하는 문제를 자세히 밝혔다.

모든 것을 품위 있게 하고 질서 있게 하라(고전 14:40).

나는 장로교 개혁주의 전통으로 알려진 교파에 속해 있다. 장로교인이 풍기는 문화적 이미지란, 자발적인 영적 행동이 암시되기만 해도 눈살을 찌푸리는 진지하고 무뚝뚝한 신자 이미지다. 한 가지 일화가 그 점을 예증해 주고 있다.

한 외계인이 지구에 와서 세 교회를 방문했다. 첫 번째는 감리교회, 두 번째는 침례교회, 세 번째는 장로교회였다. 그는 상관에게 이렇게 보고했다. "감리교회를 방문했을 때, 제가 들은 것은 '불! 불!'이라는 말뿐이었습니다. 침례교회를 방문했을 때, 제가 들은 것은 '물! 물!'이라는 말뿐이었습니다. 그리고 장로교회에 갔을 때 들은 것은 '질서! 질서!'라는 말뿐이었습니다."

종종 장로교인은 고린도전서에서 "모든 것을 품위 있게 하고 질서 있게 하라"는 말씀만 읽은 것처럼 보인다. 교회 생활에는 질서 이상의 것이 존재해야 한다.

우리는 고린도 교회가 무질서 문제로 골치를 썩고 있었다는 역사적 사실을 피할 수 없다. 바울 서신이 끼친 영향으로도 그 상황은 바로잡히지 않았다는 것도 분명한 사실이다. 후에 로마 주교 클레멘트가 고린도 교인들에게 바울의 가르침을 다시 읽고 순종하라고 권유하는 편지를 보낸 것을 보면 그 사실을 알 수 있다.

바울은 고린도 교회의 혼란스러운 상황을 언급하면서 다음과 같은 중요한 발언을 하였다.

하나님은 무질서의 하나님이 아니시요 오직 화평의 하나님이시니라(고전 14:33).

사도의 진술은 신학적 함의(含意)로 가득 차 있다. 이렇게 폭넓은 원칙을 말했을 때 바울은 어떤 생각을 하고 있었을까? 모든 것을 품위 있게 하고 질서 있게 하라는 바울의 명령은 분명히 다음과 같은 원칙에 기초한 것이다. 무질서와 혼란은 하나님의 성품과 어울리지 않는다. 무질서, 혼란, 부조화, 혼동……. 이것들은 하나님의 성품과 일치하지 않는 요소다. 이러한 특성들은 창조주가 아니라 타락한 피조물에게서 흘러나온다.

바울은 하나님이 만드신 것과 만드시지 않은 것을 언급할 때, 하나님이 원창조(original creation) 가운데 역사하신 방법을 생각하고 있었을 것이다.

창세기 1장의 창조 기사는 하나님이 모든 혼란과 무질서의 위협을 이기신 사실에 초점이 맞춰져 있다. 이러한 고찰의 핵심에 놓여 있는 것이 창조에서 성령의 역할이다.

창조에 대한 논쟁

창세기의 처음 두 절은 다음과 같다.

태초에 하나님이 천지를 창조하시니라 땅이 혼돈하고 공허하며 흑암이 깊음 위에 있고 하나님의 영은 수면 위에 운행하시니라(창 1:1, 2).

창세기 1장 1절은 하나님이 우주를 창조하실 때 가장 처음 하신 일을 계시하고 있다. "태초에"라는 말은 절대적인 의미로 취급되어야 한다. 이 구절은 하나님이 전능하신 능력으로 무에서(ex nihilo) 세상을 존재케 하셨다고 선언한다. 이것은 하나님이 단순히 이미 존재하고 있던 어떤 물질을 형성하거나 모양 지은 사실을 묘사하는 것이 아니다. 하나님의 신적 행위는 무에서 유를 창조하셨다. 그것은 하나님만이 하실 수 있는 행위였다.

우리는 미술가나 음악가의 재주와 재능을 묘사할 때 "창조적"이라는 말을 사용하는데, 그 말은 기껏해야 유추적인 의미일 뿐이다. 하나님이 창조적이시라는 의미에서 볼 때, 창조적인 인간은 아무도 없다. 창조적인 사람들도 모두 그들의 창조성을 나타내기 위해 기존의 매개물을 사용한다. 창조적인 예술가는 새롭고 놀라운 방식으로 무언가(단어, 악보, 그림)를 만들어낼 수 있지만, 무에서 작업하지는 않는다.

창세기에서 "창조하다"라는 말에 해당하는 히브리어 바라(bara)는 구약성경에서 오직 하나님과 그분의 활동을 언급하는 데만 사용되었다. "바라"는 절대 인간의 속성이 아니다.

창세기 1장 2절에서 우리는 논쟁의 여지가 있는 다음 구절을 대하게 된다.

땅이 혼돈하고 공허하며 흑암이 깊음 위에 있고.

이 구절이 논쟁거리가 되는 것은 세 가지 서술 용어, 즉 혼돈, 공허, 흑암 때문이다. 잠시 이 단어들이 얼마나 중요한지 생각해 보라. 혼돈, 공허, 흑암이라는 개념은 어떤 생각을 일으키는가? 이 단어들은 매우 불길하게 느껴진다. 우리는 이러한 특성들에 위협을 받게 된다. 이 용어들의 불길한 성격 때문에, 그 존재를 설명하기 위해 다양한 이론이 제시되어왔다.

비평적인 학자들은 이 단어들을 근거로 창세기에 신화 요소가 존재한다고 본다. 많은 고대인은 세상의 창조를 흑암의 세력과 빛의 세력이 벌이는 우주적 투쟁의 관점에서 바라보았다. 바빌로니아 신화에 따르면 혼란과 바다 괴물이 벌인 원시적인 투쟁 결과, 세상이 창조되었다.

창세기 1장 2절에 대해 비교적 최근에 널리 유행하는 견해는 이른바 "간격 이론"(Gap Theory) 또는 "회복 가설"(Restitution Hypothesis)이다. 이 견해에 따르면, 창세기 1장 1절만이 원래(최초)의 신적 창조 행위를 언급하고 있을 뿐, 1절에 이어지는 다음 부분은 하나님이 이미 타락한 우주를 구속적으로 회복하신 사실을 묘사한다. 즉 1절과 2절 사이에는 막대한 시간의 간격(아마도 수십억 년)이 있다는 것이다. 그러한 시간의 간격 가운데 루시퍼와 그를 따르는 천사들이 타락했고, 원우주(the original universe)도 탈취되었다는 것이다.

이 이론에서 핵심적으로 살펴봐야 할 사항은 2절의 "was"라는 동사다. 대부분의 성경 역본은 이 부분을 이렇게 번역한다. "땅이 혼돈했었다"(And the earth was without form). 간격 이론가들은 이 부분에서 발견되는 히브리어 동사가 언어적으로 영어의 "되었다"(became)로 번역될 수 있다는 의견을 제시해 왔다. 그래서 그들은 2절을 이렇게 번역한다.

땅이 공허하고 혼돈해지게 되었다.

이 번역대로라면 2절은 죄의 결과, 우주가 혼란 속으로 붕괴한 사실을 묘사하고 있다.

간격 이론이 많은 사람에게 매력적인 이유는 공허, 혼돈, 흑암이라는 위협적인 용어들이 기록된 이유를 생생하게 설명해 주기 때문이다. 그 이론은 또한 우주의 나이가 수십억 년 정도 되고 인류의 나이도 최소한 수백만 년 정도 된다는 과학 이론과 증거와 달리 창세기를 보면 우주가 비교적 최근에 기원한 것으로 보인다고 확신하는 사람들에게도 도피할 길을 제공해 준다.

과학과 종교의 긴장은 창조의 연대 계산을 시도한 대주교 제임스 어셔에 의해 더 심화되었다. 1600년대에 살았던 아일랜드인 대주교 어셔는 창세기에 제시된 족보를 수학적으로 계산한 끝에 세상의 창조가 기원전 4004년에 일어났다는 계산에 이르렀다(나는 창세기의 첫 페이지 여백에 이 연대를 기록해 놓은 역본을 본 적이 있다).

성경이 창조의 정확한 연대는 물론 대략의 연대도 알려주지 않는데도 대부분의 그리스도인은 세상이 기원전 4004년에 창조되었다고 교육받았다. 따라서 그들은 현대 과학의 공격에서 그러한 논지를 지키기 위해 간격 이론에 편승한 것이다.

  나는 간격 이론이 사실이라고 확신하지 않는다. 그 이론은 몇 가지 심각한 약점을 안고 있기 때문이다.

  첫째, 문제가 되고 있는 히브리어 동사가 "was" 대신 "became"으로 번역될 수 있다 하더라도, 구약성경에는 그 동사를 "was"라는 의미로 사용하는 경우가 압도적으로 많다.

  둘째, 내가 보기에 간격 이론은 과학과의 논쟁에서 태어난 인위적 고안품의 냄새가 난다. 그러므로 그 이론은 반드시 어셔류의 이론들과 동떨어진 것일 필요가 없을 것이다.

  마지막으로 나는 창세기가 원창조라는 매우 중요한 행위에 단 한 구절만 할애한 후, 아무런 경고나 설명 없이 대단히 중요한 우주적인 사건들을 언급하지 않은 채 수십, 수백억 년이라는 세월을 뛰어넘고 있다고는 믿을 수 없다. 다시 말해 창세기 처음 몇 절의 명백한 의미는 그 사건들이 서로 연결된 연속적인 사건들임을 가리키는 것이다.

  나는 창세기의 처음 구절들을 창조 단계에 대한 묘사로 보는 해석을 선호한다. 그 해석에 따르면 2절의 요소들은 아직까지 질서가 없고 완성되지 않은 창조를 묘사하고 있다. 그것은 최종적인 단계에 이르기 전 최초 단계에 놓인 세상의 상태를 묘사하고 있는 것이다.

2절을 어떻게 이해하든, 우리에게는 여전히 다음과 같은 질문들이 남는다. "하나님은 창조 사역을 어떻게 수행하셨는가? 성령의 역할은 무엇이었는가?"

하나님의 창조 능력

창조 방법에 관해서 우리가 얻을 수 있는 유일한 단서는 3절에 나타나 있다.

하나님이 이르시되 빛이 있으라 하시니 빛이 있었고.

창조 능력은 하나님의 명령 능력에 나타나 있다. 아우구스티누스는 여러 세기 전에 창조에 관한 글을 썼다. 그는 하나님의 창조 능력의 근원이 "신적 명령"에 나타나 있다고 선언하였다. 그는 창조를 "명령 창조"(fiat creation)로 묘사했다. fiat라는 단어는 "존재하다"라는 의미의 라틴어 명령어 형태에서 파생되었다. 하나님은 순수한 자신의 명령 능력으로 세상을 창조하셨다. 그분은 "빛이 있으라"고 명령하셨다. 그러자 빛이 존재하게 된 것이다.

바로 이것이 하나님의 창조 능력을 피조물의 창조성과 구별시켜준다. 단순히 캔버스와 물감에 명령을 내려서 그림을 그리거나, 그것들을 무(無)로 만들어버릴 수 있는 사람은 없다. 목관악기와 금관악기에 명령해서 교향곡을 만들어낼 수 있는 작곡가도 없다.

예수님은 어떻게 죽은 자들 가운데서 나사로를 일으키셨는가? 무덤에 들어가서 심폐소생술을 시행하신 것이 아니다. 그분은 멀리 서신 채로 나사로에게 다시 살아나라고 명령하셨다. 예수님이 말씀하시자 나사로의 두개골 속에서 뇌가 꿈틀거리며 활동하기 시작했다. 그의 심장이 뛰고 혈관 속에 새로 피가 흐르기 시작했다. 움직이지 않던 차가운 시체가 꿈틀거리기 시작했다. 나사로는 죽음의 끈을 끊어버렸다. 성육신하신 하나님의 절대적인 명령 아래 이 모든 일이 일어났다.

하나님의 창조 사역에는 손과 발이 필요하지 않았다. 도구도 필요하지 않았다. 하나님은 아르키메데스의 지레를 사용하지 않고도 세상을 움직이실 수 있었다. 그분의 음성으로 충분했다. 하나님이 말씀하시자 그대로 이루어졌다. 무에서 유가 창조된 것이다.

품으시는 성령

신적 명령에 덧붙여진 것이 성령의 신적인 "돌보심"이다. 창세기는 이렇게 말한다.

하나님의 영은 수면 위에 운행하시니라(창 1:2).

때로는 "운행"(hovering, 맴돌다)으로, 그 밖의 경우에는 "품음"(brooding)으로 번역되는 창세기 1장 2절의 히브리어가 정확히 어떤 의미인지에 관한 질문이 있다. 그 단어는 구약성경에서 두 번 더 나타날 뿐이다. 우리는 그 단어를 예레미야 23장 9절에서 발견할 수 있다.

선지자들에 대한 말씀이라 내 마음이 상하며 내 모든 뼈가 **떨리며**.

여기서는 흔들리거나 떨린다는 뜻으로 사용되었다. 신명기 32장 11절에서도 그 단어를 볼 수 있다.

마치 독수리가 자기의 보금자리를 어지럽게 하며 자기의 새끼 위에 **너풀거리며** 그의 날개를 펴서 새끼를 받으며 그의 날개 위에 그것을 업는 것같이.

어미 새의 "품는" 행동을 생각할 때, 우리는 알이 부화하기 전에 어미 새가 알을 덥히기 위해서 품고 있는 모습을 떠올리게 된다. 그러나 신명기 이미지에서는 이미 알이 부화한 상태다. G. C. 알더스는 창세기 1장 3절을 이렇게 주석한다.

"품다"라는 단어는 일단 알이 부화하고 어미가 새끼들을 훈련시키고 있는 상황에는 맞지 않는다. 그러므로 여기서 그 단어는 어미 새가 나는 법을 배우는 어린 새를 지키는 모습을 묘사하는 것일 가능성이 더 크다. 어린 새들이 날다가 힘이 빠지면, 어미 새는 뒤에서 그들을 낚아채 떨어지지 않도록 구해 준다. 모든 사실을 고려할 때, "운행하다"라는 번역이 여전히 우선권을 갖고 있다.[10]

알더스는 계속해서 이 구절을 이렇게 설명한다.

그렇다면 성령이 수면 위를 운행하신 목적은 무엇일까? 그것이 성령의 단순한 임재를 의미하지 않는 것은 분명하다. 그 목적은 분명히 하나님의 영으로부터 이미 창조된 지상의 물질에 활동적인 능력이 나가는 것이다. 이러한 활동은 하나님의 창조 사역과 직접적인 연관이 있다. 아마도 우리는 성령이 창조된 물질을 보존하시며, 추후 창조 행위들이 보여주듯이 무질서한 세상이 질서 있는 완전체가 되게 만든 추후 창조 활동을 준비하시고 있다고 말할 수 있을 것이다.[11]

창세기에서 "창조하다"(바라)라는 말의 온전한 의미를 고려할 때, 우리는 하나님이 창조하신 만물을 또한 자신의 능력으로 붙드시면서 유지하고 계심을 깨닫게 된다.

창조는 스타카토(staccato) 사역이 아니다. 또 다른 음악 용어를 사용한다면, 창조는 소스테누토(sostenuto), 즉 연장된 사역이다. 음악

---

10. G. C. Aalders, *Genesis*, vol. 1 of the *Bible Student's Commentary*, trans. William Heyman(Grand Rapids: Zondervan, 1981), p. 56.
11. 같은 책.

에서 스타카토란 짧고, 간결하며, 두드러지는 음조를 말한다. 그 음조는 빠르고 간명하게 지속된다. 반면에 연장된 음조인 소스테누토는 길게 지속된다. 그것은 지속성이 있다. 절대로 단절적(斷折的)이지 않다. 이론상 오르간의 음조는 키를 누르고 있는 한 영원히 지속된다. 창조는 바로 그런 음조인 것이다.

성령의 사역 가운데 일부는 피조물을 원상 그대로 유지하면서, 그 위를 "운행"하시는 것이다. 이런 면에서 우리는 성령을 신적인 보존자이자 보호자로 볼 수 있다. 성령께서는 성부께서 존재케 하신 것을 유지시키신다.

창세기의 그 구절에서 가장 놀라운 것은 창조의 질서 부여자(Orderer)로서 성령의 역할이다. 성령께서는 무질서에서 질서를 끌어내신다. 그분의 임재는 혼란과 혼동의 가능성을 배제한다. 여기서 우리는 성령께서 세상에 완전한 상태를 가져다주시는 것을 본다. 이때 완전한 상태라는 것은 완전한 구조, 즉 우주의 부분들이 전체로 통합되는 것을 뜻한다. 우리가 혼란 대신 질서 있는 우주를 소유하고 있는 것은 성령 때문이다.

창조에서 성령의 사역과 구속에서 성령의 사역 간에는 분명한 유사성이 있다. 성령께서는 우리를 거룩하게 하시는 분으로, 그분의 자녀들의 삶이 완전한 상태에 이르도록 그들 위에 운행하신다. 성령께서는 하나님이 창조하시고 구속하시는 것에 질서를 세우시고 보호하신다.

성령께서 수면 위에 "운행"하시면서 더 이상 혼돈은 존재하지 않는다. 조직적이지 않던 우주가 놀라운 구조를 얻은 것이다. 과학계에서는 우주의 복잡한 구조를 중점적으로 연구한다. 과학을 가능하게 해주는 일관된 법칙들에 의해 우주의 질서가 잡혀 있고, 지배되고 있기 때문이다. 과학자는 불규칙하고 혼란스러운 세상에서는 연구를 할 수 없다.

성령이 "운행"하시기 전, 완성되지 않은 우주의 특징은 공허함이다. 창세기 1장 2절의 세 가지 서술 용어 가운데 아마도 "공허"라는 말이 인간의 영혼에 가장 큰 두려움을 줄 것이다. 인간의 절망은 종종 "무서운 공허", "허무 의식", "공허감의 위협" 등으로 표현된다. 우리는 어두운 분위기의 염세적인 실존주의자에게서 심연(深淵), 절대적인 공허(空虛)의 캄캄한 암흑, 무(無)의 나락에 대한 이야기들을 듣는다. 인간관계에서도 가슴에 사무치는 외로움이라고 여기는 공허감이 우리를 위협하며 괴롭힌다.

성령께서는 공허한 것을 채우신다. 그분은 공허함을 정복하신다. 그분의 사역이 완수될 때, 한때 공허했던 우주는 동물과 식물로 넘친다. 또한 척박한 황무지도 고동치는 삶의 무대가 된다. 우리는 만물을 채우시는 성령 하나님이 필요하다. 이처럼 형성자(Former)와 보존자(Preserver)의 역할 다음으로 추가되는 성령의 역할은 생명을 채우는 것이다.

조명하시는 성령

성령은 혼돈에 형체를 입히시고 공허를 채우시는 것에서 활동을 멈추지 않으신다. 성령의 사역이 끝날 때, 최초의 흑암이 사라진다. 성령이 운행하시자 하나님이 첫 번째 명령을 내리셨다. "빛이 있으라." 그러자 빛이 나타났다.

성경에서 빛의 이미지는 매우 중요하다. 그것은 종교적 이원론(二元論)의 형태들과 뚜렷하게 대조된다. 일부 종교들에서 이 은유는 패권을 차지하기 위해 영원히 투쟁하는, 서로 동등하면서도 반대되는 세력인 빛과 어둠의 이미지를 표현한다.

서로 대항하는 세력이 동등하게 경쟁하는 곳에서는 최종적인 구속(救贖)이 일어날 가능성은 존재하지 않는다. 일어날 수 있는 최상의 결과는 무승부다. 그러한 체계에서 구속은 쓸데없는 환상일 뿐이다.

성경에서는 어둠의 권세가 빛의 권세에 맞서지 못한다. 성경에는 이원론적인 정돈 상태가 암시되어 있지 않다. 어둠은 빛에 굴복할 수밖에 없다.

나는 늘 어둠에 대한 빛의 권세에 호기심을 느꼈다. 어렸을 때는 불을 켜놓지 않으면 무서워서 지하실 층계를 내려가지 못했다. 한번은 어두컴컴한 복도에 발을 디뎠다가 어두운 층계참에서 두려움에 빠진 적도 있었다. 그때 나는 전등 스위치를 더듬어 찾으면서 무서워 떨었다. 스위치를 찾아 눌렀을 때 내 마음은 안도감으로 가득 찼다. 나는 어둠과 빛의 싸움 결과를 기다리기 위해 고통스러운 시간을 보낼 필요가 없었다. 스위치를 누른 순간, 무서운 어둠이 사라져버렸기 때문이다. 층계는 즉시 빛으로 흠뻑 물들었고, 나는 단호한 용기를 가지고 층계를 내려갈 수 있었다.

요한은 그것을 이렇게 표현한다.

> 그 안에 생명이 있었으니 이 생명은 사람들의 빛이라 빛이 어둠에 비치되 어둠이 깨닫지 못하더라(요 1:4, 5).

성령께서는 창조와 구속 사역에서 신적인 조명자(Illuminator) 역할을 수행하신다. 하늘을 밝히시는 분은 그와 동시에 성경을 영감(靈感)하시고, 하나님의 말씀을 계시하시며, 우리가 이해할 수 있도록 말씀을 조명하신다.

능력의 근원이신 성령

하나님은 생명을 창조하실 때, 성령을 통해서 역사하신다. 381년에 열린 콘스탄티노플 회의(ecumenical Council of Constantinople)에서 교회는 성령을 "생명을 주는 분"(zoapoion)이라고 고백하고 선언하였다. 성령은 직접적인 생명의 근원이시다.

우리는 성령을 소유할 수 있는 유일한 사람들이 중생한 그리스도인뿐이라는 생각에 익숙하다. 그리스도인 안에는 성령이 거하신다. 그러므로 그리스도인은 구속적인 의미에서 성령을 소유하고 있는 것이다.

그러나 또 다른 면에서는 그리스도인과 비그리스도인을 막론하고, 모든 인류가 성령을 "소유"하고 있다. (구속과 구별되는) 창조의 관점에서는 모든 사람이 성령에 참여하고 있다. 전적으로 성령을 떠나 살 수 있는 사람은 아무도 없다. 성령께서 생명 자체의 근원이자 동력원이시기 때문이다. 바울은 아테네 사람들에게 이렇게 선언하였다.

이는 사람으로 혹 하나님을 더듬어 찾아 발견하게 하려 하심이로되 그는 우리 각 사람에게서 멀리 계시지 아니하도다 우리가 그를 힘입어 살며 기동하며 존재하느니라 너희 시인 중 어떤 사람들의 말과 같이 우리가 그의 소생이라 하니(행 17:27, 28).

우리가 "살며 기동하며 존재하는" 것은 하나님 안에서, 그리고 성령을 통해서다. 성령이 없이는 생명도, 움직임도, 존재도 없다. 성령은 이 모든 것의 동력원이시다.

우리는 인간의 창조 기사에서 다음과 같은 내용을 읽을 수 있다.

여호와 하나님이 땅의 흙으로 사람을 지으시고 생기를 그 코에 불어넣으시니 사람이 생령이 되니라(창 2:7).

이 구절에 따르면 하나님이 그 안에 생기를 불어넣으신 결과, 인간은 생명을 부여받았다. 히브리어 루아크(*ruach*)에는 언어유희가 들어 있다. 그 단어는 "호흡" 또는 "영"으로 번역될 수 있다. 생명의 호흡은 성령과 분리할 수 없게 연결되어 있다. 인간은 성령에 의해서 살아 있는 존재가 되는 것이다.

성령은 동식물에게도 생명의 근원이 되신다. 풀이 자라는 것은 성령으로 말미암는 일이다.

> 이것들은 다 주께서 때를 따라 먹을 것을 주시기를 바라나이다 주께서 주신즉 그들이 받으며 주께서 손을 펴신즉 그들이 좋은 것으로 만족하다가 주께서 낯을 숨기신즉 그들이 떨고 주께서 그들의 호흡을 거두신즉 그들은 죽어 먼지로 돌아가나이다 주의 영을 보내어 그들을 창조하사 지면을 새롭게 하시나이다(시 104:27-30).

땅의 소생에 관한 이사야의 예언에 나타난 성령의 활동을 주목하라.

> 마침내 위에서부터 영을 우리에게 부어주시리니 광야가 아름다운 밭이 되며 아름다운 밭을 숲으로 여기게 되리라(사 32:15).

욥 역시 "하나님의 영이 나를 지으셨고 전능자의 기운이 나를 살리시느니라"(욥 33:4)고 고백하면서 성령을 자신의 생명을 창조한 분으로 보고 있다.

성령은 생명의 능력이시다. 신약성경에서 능력의 개념은 성령과 밀접하게 연결되어 있다. 성령의 능력을 언급하기 위해 자주 사용되는 헬라어 두나미스(dunamis)는 능력이라는 뜻을 가지고 있다. 영어에는 두나미스에서 파생된 중요한 두 단어가 있다.

첫 번째는 "다이너마이트"(dynamite)다. 두 번째는 우리가 살펴보고 있는 문제와 관련하여 더 중요한 단어다. 바로 "동적인"(dynamic)이라는 단어다. 우리는 "동적인"이라는 단어를 사용할 때, 주로 "힘찬", "활동적인"이라는 뜻을 가리킨다. 이 단어는 그 자체로 생명의 에너지를 캡슐로 싸고 있다.

성령은 피조 세계에 힘을 공급하는 분이다. 우주는 성령의 능력으로 말미암아 생명을 가지고 움직인다.

앞서 살펴보았듯이, 창조와 구속에서 각 성령의 사역은 유사성이 존재한다. 성령은 생물학적인 생명을 발생시키는 능력인 동시에, 영적인 생명의 근원이자 그 생명을 발생시키는 능력이다. 구속에서 성령의 사역은 창조에서 행하시는 그분의 사역을 반영하고 보충한다. 성령께서는 창조의 사역과 타락한 세상의 재창조 사역에 모두 참여하고 계신 것이다.

Chapter 6

거듭날 때 성령은 무엇을 하시는가

성령이 임재하시지 않는다면 죄를 깨달음도, 중생도, 성화도, 정결케 됨도, 용납도 없다. 생명은 생명을 주시는 영 안에 있다. - W. A. 크리스웰

출생과 중생. 이 두 가지는 모두 성령이 역사하시는 결과다. 성령의 능력을 떠나서는 생물학적으로 아무것도 살 수 없듯이, 성령의 역사를 떠나서는 어느 누구도 하나님에 대해 살아 있을 수 없다.

니고데모와 나눈 대화에서 예수님은 성령에 관해서 이렇게 말씀하셨다.

> 예수께서 대답하여 이르시되 진실로 진실로 네게 이르노니 사람이 거듭나지 아니하면 하나님의 나라를 볼 수 없느니라(요 3:3).

"거듭남"은 두 번째 창조를 경험하는 것이다. 그것은 삶의 새로

운 시작, 신선한 출발이다. 어떤 것이 생겨날 때, 우리는 그것이 발생했다고 말한다. 그것이 다시 생겨나면, 우리는 재생(regenerate, 중생, 거듭남)했다고 말한다. "발생하다"(generate)로 번역되는 헬라어 제니아우오(geniauo)는 "존재하다", "생기다", "일어나다"라는 의미가 있다. 성령으로 거듭나는 것은 변화다. 그것은 새로운 종류의 존재로 철저하게 변화하는 것이다.

거듭난다는 것은 인간에서 신적인 존재로 변화된다는 뜻이 아니다. 우리가 영적으로 죽은 인간에서 영적으로 살아 있는 인간으로 변화하는 것을 말한다.

영적으로 죽은 사람은 하나님 나라를 볼 수 없다. 그들에게 하나님 나라가 보이지 않는 것은 그 나라 자체가 눈에 보이지 않는 것이라서가 아니라 영적으로 죽은 그들이 영적으로 눈이 멀어 있기 때문이다.

중생은 반드시 필요하다

예수님이 니고데모에게 "아니하면"이라고 말씀하셨을 때, 이것은 우리가 "필수 조건"이라고 부르는 것을 의미한다. 필수 조건이란, 바라는 결과가 일어나기 위해 반드시 전제되어야 하는 절대 조건이다. 불이 타려면 산소가 필수 조건이다. 우리는 산소 없이는 불을 얻을 수 없다는 사실을 알고 있다.

기독교 언어로 사람들은 "중생한" 그리스도인이라는 표현을 쓴

다. 전문적으로 말한다면, 사실 이 문구는 중복 표현이다. 어떤 사람이 중생하지 않았다면, 즉 거듭나지 않았다면, 그는 그리스도인이 아니기 때문이다. 그는 교회의 일원일 수 있다. 물론 기독교인이라고 고백할 수도 있다. 그러나 거듭나지 않는 한 그는 그리스도 안에 있지 않으며, 그리스도도 그 안에 계시지 않는다.

"아니하면"이라는 말은 중생을 구원의 필수 조건으로 만든다. 중생 없이는 영생도 없다. 중생 없이는 하나님을 볼 수도, 그 나라에 들어갈 수도 없다. 예수님의 가르침에 당황한 니고데모는 이렇게 대답하였다.

> 니고데모가 이르되 사람이 늙으면 어떻게 날 수 있사옵나이까 두 번째 모태에 들어갔다가 날 수 있사옵나이까(요 3:4).

니고데모의 반응은 마치 예수님의 가르침을 비웃으려는 듯하다. 어리석게도 그는 예수님이 분명 다 자란 성인이 어머니의 자궁 안으로 돌아가는 것과 같은 불가능한 일을 말씀하고 계신다고 본 것이다.

니고데모는 생물학적 출생과 영적 출생을 구별하지 못했다. 육신과 영을 구별하지 못한 것이다. 예수님은 그의 질문에 이렇게 대답하셨다.

> 예수께서 대답하시되 진실로 진실로 네게 이르노니 사람이 물과

성령으로 나지 아니하면 하나님의 나라에 들어갈 수 없느니라 육으로 난 것은 육이요 영으로 난 것은 영이니 내가 네게 거듭나야 하겠다 하는 말을 놀랍게 여기지 말라(요 3:5-7).

다시 한 번 예수님은 "진실로 진실로 네게 이르노니"라는 말로 말씀을 시작하신다. "진실로 진실로"(히브리어 아멘이 신약성경으로 넘어온 표현이다)라는 말은 강력한 강조를 나타낸다. 즉 예수님은 하나님 나라를 보고 그 나라에 들어가는 필수 조건으로 이 중생을 강조하여 말씀하신 것이다. 우리와 같은 시대를 살아가는 많은 사람이 자주 그렇게 하듯, 그리스도인이 되는 데 중생의 필요성에 반대하는 것은 그리스도께서 강조하신 가르침에 명백한 반대 견해를 취하는 것이다.

"없느니라"라는 말 또한 예수님의 가르침에서 매우 중요하다. 이 말은 능력이나 가능성을 다루는 부정적 단어다. 중생 없이는 어느 누구도(보편 부정) 하나님 나라에 들어갈 수 없다. 예외는 없다. 중생 없이 하나님 나라에 들어가는 일은 불가능하다.

그리스도인으로 태어나는 사람은 아무도 없다. 생물학적으로 하나님 나라에서 태어나는 사람은 아무도 없다. 육은 육을 낳는다. 육은 영을 낳을 수 없다. 요한복음을 보면 예수님은 후에 "살리는 것은 영이니 육은 무익하니라"(요 6:63)는 말씀을 덧붙이셨다.

마르틴 루터는 타락한 인간이 중생하기 위해서 전적으로 성령을 의존하는지 여부를 놓고 논쟁이 벌어졌을 때, 이 본문을 인용하면서 다음과 같은 말을 덧붙였다. "육은 무익하다. '무'에는 '약간의 어떤 것'도 포함되지 않는다."

육은 중생할 수 있는 능력이 약한 정도가 아니다. 전적으로 무능하다. 육은 중생에 아무런 영향을 끼칠 수 없다. 성령의 역사를 돕거나 강화할 수 없다. 육이 낳는 것은 더 육적인 것뿐이다. 육은 성령을 조금도 낳을 수 없다. "무"란, "약간의 어떤 것"도 포함되지 않은 것이다.

마침내 예수님은 이렇게 말씀하신다. "너는 거듭나야 한다." 조건을 의미하는 "아니하면"이라는 말에 조금이라도 모호한 점이 있다면, 그 모호함은 "……해야 한다"(must)라는 말과 함께 완전히 사라진다.

에베소서에서 말하는 중생

사도 바울은 에베소 교인들에게 보낸 편지에 성령의 중생 사역을 언급하였다.

그는 허물과 죄로 죽었던 너희를 살리셨도다 그때에 너희는 그 가운데서 행하여 이 세상 풍조를 따르고 공중의 권세 잡은 자를 따랐으니 곧 지금 불순종의 아들들 가운데서 역사하는 영이라 전에는 우리도 다 그 가운데서 우리 육체의 욕심을 따라 지내며 육체와 마음의 원하는 것을 하여 다른 이들과 같이 본질상 진노의 자녀이었더니 긍휼이 풍성하신 하나님이 우리를 사랑하신 그 큰 사랑을 인하여 허물로 죽은 우리를 그리스도와 함께 살리셨고(너희는 은혜로 구원을 받은 것이라)(엡 2:1-5).

바울은 중생 이전 우리의 영적 무능력을 생생하게 묘사한다. 에베소 교회 신자들에게 한때 그들 모두가 공유한 이전 상황을 묘사하는 것이다. 그는 모든 인류를 언급하는 것으로 보이는 "다른 이들과 같이"(3절)라는 말을 덧붙이고 있다.

바울은 이전에 죽음의 상태였다고 선언하고 있다. "허물과 죄로 죽었던 너희를." 다시 한 번 말하자면, 이 죽음은 생물학적 죽음이 아니다. 그는 죽었다고 표현한 이 사람들이 하는 행위들을 열거하고 있기 때문이다.

허물과 죄로 죽은 사람들이 보이는 행동양식의 특징은 특정한 풍속을 좇는 것이다. 바울은 그것을 "이 세상 풍조"(2:1, 2)라고 부른다. 이때 세상 풍조는 분명 하늘의 풍조와 반대되는 풍조나 패턴을 말한다. "이 세상"이라는 말은 지역이라기보다는 판단 기준이나 방식을 뜻하는 것이다. 즉 이 말은 이 세상 중심적인 태도를 함축하고 있다.

그리스도인과 비그리스도인은 같은 활동 영역을 공유하고 있다. 우리는 모두 이 세상 안에 살고 있다. 그러나 중생한 사람의 풍조는 위로부터 인도된다. 그의 눈은 하늘에 고정되어 있으며, 그의 귀는 하늘 왕의 음성에 맞춰져 있다. 반면 중생하지 않은 사람은 땅에 묶여 있다. 그는 하늘 소리에 귀를 기울이지 않는다. 그의 눈은 하늘의 영광을 보려 하지 않는다. 그는 시체가 영적인 무덤가를 걸어 다니듯이 살아간다.

이 세상 풍조는 하나님의 "길을 떠난 것"(롬 3:12, 개역개정 성경은 "다 치우쳐"라고 번역하였다)이다. 그것은 다음과 같은 길을 따르고 있다.

> 공중의 권세 잡은 자를 따랐으니 곧 지금 불순종의 아들들 가운데서 역사하는 영이라(엡 2:2).

영적으로 죽은 사람들에게는 주인이 있다. 그들의 주인이 길을 정해 놓으면, 그들은 열심을 내면서 기꺼이 그 길을 따른다. 이 주인은 "공중의 권세 잡은 자"라고 불린다. 왕의 신분을 나타내는 이 별명은 사악한 모든 일을 계획하는 자인 사탄에게만 적용될 수 있다. 바울은 그를 "지금 불순종의 아들들 가운데서 역사하는 영"이라고 부르고 있다. 사탄은 악한 영, 즉 그가 사로잡은 무리에게 영향력과 권세를 행사하는 부패하고 타락한 천사다.

바울은 삶의 원칙을 설명하고 있다. 우리는 성령을 따라 살거나 악한 영을 따라 살거나 둘 중 하나다. 아우구스티누스는 일찍이 인간을 사탄 또는 하나님의 영이 타는 말에 비교하였다.

계속해서 바울은 중생한 사람이 거듭나기 전에 따르던 삶의 방식을 생생하게 묘사한다.

전에는 우리도 다 그 가운데서 우리 육체의 욕심을 따라 지내며 육체와 마음의 원하는 것을 하여(엡 2:3).

외적인 풍속과 사탄의 외적인 영향력에서 이제는 중생하지 못한 사람의 내적 상태를 주목하고 있다. 다시 한 번, 우리는 이것이 보편적인 상태임을 보게 된다. "전에는 우리도 다 그 가운데서 우리 육체의 욕심을 따라 지내며 육체와 마음의 원하는 것을 하여." 이러한 이전의 내적 상태를 묘사하는 핵심 단어는 육체다. 여기서 바울은 예수님이 니고데모에게 사용하신 표현을 반영하고 있다.

이때 쓰인 육체라는 단어는 "육체적인 몸", "신체"와 같은 말로 이해해서는 안 된다. 몸은 본질적으로 악하지 않다. 하나님은 우리를 육체적 존재로 만드셨으며, 스스로 육체가 되셨다. 여기서 육체는 죄악 된 본성, 타락한 인간의 전반적인 성격을 뜻한다.

중생하기 전에 우리는 주로 육체 안에서, 육체를 따라 산다. 우리의 행동은 육체의 정욕을 따른다. 육체의 정욕은 육체적, 성적 욕구만 말하는 것이 아니다. 모든 죄악 된 욕구 패턴을 언급하는 것이다.

바울은 "다른 이들과 같이 본질상 진노의 자녀이었더니"(엡 2:3)라는 말을 덧붙여 우리가 타락한 방식을 보편적으로 기소(起訴)하고 있다.

바울이 표현한 "본질상"(by nature)이라는 말은, 우리가 이 세상에 들어가는 상태를 뜻한다. 생물학적 출생은 자연적인(natural) 것이다. 인간들은 원래 진노의 자녀로 태어난다. 최초의 본성은 타락한 것이 아니었다. 그러나 아담과 하와가 타락한 이후, "자연적"이라는 말은 우리의 선천적인 죄성(罪性)을 언급하게 되었다.

이 세상에 태어나는 모든 자녀는 타락한 상태로 태어난다. 다윗은 이렇게 선언하고 있다.

> 내가 죄악 중에서 출생하였음이여 어머니가 죄 중에서 나를 잉태하였나이다(시 51:5).

우리는 모두 영적 사산아(死産兒)다. 우리는 죄와 허물 가운데 죽은 채 출생한다. 신학적으로 이처럼 선천적인 죄가 있는 상태를 원죄라고 부른다. 원죄는 아담과 하와가 지은 최초의 죄가 아니다. 최초의 죄가 낳은 결과, 즉 인류 전체에 타락한 본성이 전염되는 것을 뜻한다.

우리는 본질상 "진노의 자녀"다. 이 개념은 우리 모두가 본질적으로 하나님의 자녀라는, 거리낌 없이 기쁘게 받아들이는 개념과 얼마나 다르게 들리는가! 그러한 오도된 개념이 오랫동안 널리 보급되었다. 그릇된 개념이지만 자주 반복되는 과정에서 신빙성을 얻었다. 충분할 만큼 자주 거짓말을 하면, 사람들이 그것을 믿기 시작한다.

우리가 본질적으로 하나님의 자녀라는 거짓말에 예수님도 괴롭힘 당하셨다. 예수님은 바리새인들과 논쟁을 벌이시다가 그 거짓말과 싸우실 수밖에 없었다. 바리새인들은 예수님의 비판에 화를 내며 이렇게 말했다.

> 대답하되 우리가 음란한 데서 나지 아니하였고 아버지는 한 분뿐이시니 곧 하나님이시로다 예수께서 이르시되 하나님이 너희 아버지였으면 너희가 나를 사랑하였으리니 이는 내가 하나님께로부터 나와서 왔음이라 나는 스스로 온 것이 아니요 아버지께서 나를 보내신 것이니라 어찌하여 내 말을 깨닫지 못하느냐 이는 내 말을 들을 줄 알지 못함이로다 너희는 너희 아비 마귀에게서 났으니 너희 아비의 욕심대로 너희도 행하고자 하느니라 …… 하나님께 속한 자는 하나님의 말씀을 듣나니 너희가 듣지 아니함은 하나님께 속하지 아니하였음이로다(요 8:41-47).

하나님이 모든 사람의 창조주가 되신다는 의미에서 모든 사람의 아버지시라는 사실을 성경이 인정하고 있다 하더라도, 특별한 의미에서 하나님의 아버지 되심은 생물학의 관점이 아니라 윤리학의 관점에서 정의된다. 순종은 굉장히 중요한 말이다. 성경적 관점에서 볼 때, 우리가 순종하는 분이 우리 아버지시다. 그 관계는 생물학적 유대가 아니라 자발적인 순종에 의해 수립된다.

바리새인들이 하나님이 아닌 사탄에게 순종했기 때문에, 예수님은 그들에게 이렇게 말씀하셨다. "너희는 너희 아비 마귀에게서 났다"(요 8:44).

에베소서 2장에서 바울은 "진노의 자녀"(3절)와 "불순종의 아들들"(2절)을 언급하고 있다. 이러한 문구들은 중생하지 못한 우리 모두를 묘사하는 것이다.

바울은 중생하지 못한 상태에 대한 묘사를 마치면서, 갑자기 영광스러운 어조로 하나님의 자비를 찬양한다. 그러한 변환을 보여주는 단어에 우리의 영원한 운명이 달려 있다. 그 단어는 성경에서 가장 영광스러운 단어에 속할 것이다. 그 단어가 복음의 본질을 확고히 하기 때문이다. 그 단어는 바로 "그러나"(but, 개역개정 성경에는 없지만 본문과 영어 성경에는 "그러나"라는 말이 포함되어 있다_ 옮긴이)다. 이 작은 접속사가 전체 구절의 분위기를 바꿔주고 있다. 그 접속사가 자연적인 것과 초자연적인 것, 타락과 중생을 연결한다.

> (그러나) 긍휼이 풍성하신 하나님이 우리를 사랑하신 그 큰 사랑을 인하여 허물로 죽은 우리를 그리스도와 함께 살리셨고 (너희는 은혜로 구원을 받은 것이라) 또 함께 일으키사 그리스도 예수 안에서 함께 하늘에 앉히시니 이는 그리스도 예수 안에서 우리에게 자비하심으로써 그 은혜의 지극히 풍성함을 오는 여러 세대에 나타내려 하심이라 너희는 그 은혜에 의하여 믿음으로 말미암아 구원을 받았으니 이것은 너희에게서 난 것이 아니요 하나님의 선물이라 행위에서 난 것이 아니니 이는 누구든지 자랑하지 못하게 함이라 우리는 그가 만드신 바라 그리스도 예수 안에서 선한 일을 위하여 지으심을 받은 자니 이 일은 하나님이 전에 예비하사 우리로 그 가운데서 행하게 하려 하심이니라(엡 2:4-10).

하나님의 주도권

중생은 성령 하나님의 주권적 사역이다. 그 주도권은 우리가 아니라 성령께 있다. 바울이 인간의 노력이 아닌 하나님의 사역을 강조하고 있다는 사실에 주목하라.

(그러나) 긍휼이 풍성하신 하나님이.

사도 바울은 "그러나 인간이 그 의로움으로 하나님께 마음을 기울이고 새로운 영적 수준으로 자신을 끌어올린다"고 쓰지 않았다.
나의 신학을 형성하는 과정에서 내 삶에 가장 극적인 순간이 일어난 것은 신학교 교실에서였다. 한 교수가 칠판에 큰 글씨로 이렇게 썼다.
"중생이 믿음에 선행한다."
이 말은 내 신학 체계를 뒤흔들었다. 나는 중생에 영향을 끼치는 핵심적인 인간의 행위가 믿음이라고 알고 신학교에 들어갔다. 우리가 중생하기 "위해서는" 먼저 그리스도를 믿어야 한다고 생각했다. 내가 여기서 "위해서"라고 표현한 이유가 있다. 나는 어떤 목적지에 이르기 위해 특정한 과정에서 취해져야 하는 단계라는 관점으로 중생을 보고 있었다. 그리고 믿음을 그 과정의 시작 부분에 두고 있었다. 그 순서는 다음과 같았다.
"믿음-중생-칭의"
이 순서에서는 우리에게 주도권이 있다.

분명한 사실은 내가 복음을 듣기도 전에, 하나님이 예수님을 보내셔서 십자가에서 돌아가시게 했다는 것이다. 일단 하나님이 내 외부에서 이런 일들을 행하셨고, 그 구원을 적용하는 주도권은 내게 있다고 생각한 것이다.

나는 이 문제를 그다지 주의 깊게 생각하지 않았다. 예수님이 니고데모에게 하신 말씀에 주의 깊게 귀를 기울이지도 않았다. 나는 죄인, 즉 육체로 태어나 육체 안에 사는 사람이었는데도 내가 여전히 약간의 의를 소유하고 있다고, 나 자신의 힘으로 복음에 반응할 수 있게 해주는 영적인 능력이 내 영혼 속에 약간이나마 남아 있다고 생각하고 있었던 것이다.

내가 혼란스러워한 것은 아마 로마 가톨릭 교회의 전통적인 가르침 때문이었을 것이다. 로마 가톨릭 교회와 기독교계의 다른 많은 분파들은 중생이 은혜로 말미암는다고 가르쳤다. 하나님이 도우시지 않는다면 거듭날 수 없다는 것이다. 영적인 죽음에서 자신을 살릴 수 있는 능력을 가지고 있는 사람은 없다. 신적인 도움이 반드시 필요하다.

로마 가톨릭 교회에 따르면, 이러한 은혜는 "선행하는" 은혜라고 불리는 형태로 임한다. "선행하다"라는 말은 어떤 것보다 앞서 임한다는 의미다. 로마 가톨릭 교회는 거기에, 그 선행하는 은혜가 우리 마음을 붙들기 전에 반드시 우리가 "그 은혜에 협력하고 동의해야 한다"는 요구 조건을 덧붙인다.

이러한 협력 개념은 기껏해야 반쪽짜리 진리일 뿐이다. 우리가 실천하는 믿음이 우리의 믿음이라고 하는 한 그것은 사실이다. 하나님이 우리를 위해 그리스도를 믿어주시지는 않는다. 내가 그리스도께 반응할 때 행사되는 것은 내 반응, 내 믿음, 내 신뢰다.

그러나 문제는 훨씬 깊어진다. 여전히 다음과 같은 문제가 남는다. 내가 중생하기 전에 하나님의 은혜와 협력하는가 아니면 내가 중생한 후에 협력이 일어나는가?

다르게 질문하자면, 중생이 단독적인 것(monergistic)인지 협력적인 것(synergistic)인지를 묻는 것이다. 중생은 실효성이 있는 것(operative)인가, 협력적인 것(cooperative)인가? 그것은 유효한 것(effectual)인가, 의존적인 것(dependent)인가? 이러한 단어들 가운데 일부는 더 자세한 설명이 필요한 신학 용어들이다.

단독설(monergism)과 협력설(synergism)

단독적인 사역은 단독으로 한 사람이 만들어내는 사역이다. 접두사 "mono"는 "하나"를 뜻한다. 그리고 "erg"라는 단어는 한 단위의 사역을 언급한다. 에너지(energy)가 이 어근에서 파생되었다. 협력적인 사역은 둘 또는 그 이상의 사람이나 사물의 협력을 포함하는 사역이다. "syn"이라는 접두사는 "함께"라는 뜻을 가지고 있다.

이러한 차이를 장황하게 논하는 이유가 있다. 로마 가톨릭 교회와 마르틴 루터의 논쟁 전체가 이 한 가지 문제에 걸려 있었다고 말해도 좋을 만큼 중요하기 때문이다. 문제는 이것이었다. "중생이 하나님의 단독적 사역인가 아니면 인간과 하나님이 협력해야 하는 협력적 사역인가?"

칠판에 "중생이 믿음에 선행한다"라고 쓰신 교수님은 분명히 단독적 사역이라는 답변에 서 있었다. 분명한 사실은 어떤 사람이 중생한 후에 믿음과 신뢰를 실천하여 협력한다는 것이다. 그러나 어떤 사람의 영적 생명이 살아나는 첫 단계, 즉 중생은 하나님의 단독 사역이다. 그 주도권은 우리가 아니라 하나님께 있다.

중생이 우리에게, 우리 안에서 역사하기 전에 우리가 중생의 은혜와 협력하지 않는 이유는 그렇게 할 수 없어서다. 우리는 영적으로 죽어 있기 때문이다. 우리 영혼의 영적 생명을 되살리는 데 우리가 성령을 도울 수 없는 것은 예수님이 나사로를 살리시는 데 나사로가 도움을 드릴 수 없던 것과 같다.

오늘날 세상에서 신앙을 고백하는 그리스도인 가운데 대부분은 구원이 다음과 같은 순서로 이루어진다고 믿고 있을 것이다. "믿음이 중생에 선행한다." 이 순서에 따르면 우리는 중생을 선택하도록 권고받고 있다. 그러나 누군가에게 중생을 선택하라는 것은 시체에게 부활을 선택하라고 말하는 것과 같다. 그 권고는 들을 수 없는 귀에 떨어지고 있는 것이다.

그 교수님의 주장과 씨름하기 시작하면서 나는 이상하게 들리는 그의 가르침이 신학에서 혁신적인 것이 아니라는 사실을 알고 깜짝 놀랐다. 나는 아우구스티누스, 마르틴 루터, 존 칼빈, 조나단 에드워즈, 조지 휘트필드에게서 같은 가르침을 발견할 수 있었다.

중세의 위대한 신학자 토마스 아퀴나스에게서도 그 가르침을 발견하고 깜짝 놀랐다.

기독교사의 거인들이 이 문제에서 같은 결론에 이르렀다는 사실은 내게 엄청난 영향을 끼쳤다. 나는 그들이 개별적으로도, 집합적으로도 절대 틀림이 없음을 알고 있었다. 그들 각자는 물론 그들 모두가 실수를 저지를 가능성은 있다. 그러나 나는 감명을 받았다. 특히 토마스 아퀴나스의 가르침이 강하게 남았다.

토마스 아퀴나스는 로마 가톨릭 교회에서 "천사와 같은 학자"(Doctor Angelicus)라고 불리는 인물이다. 여러 세기 동안 대부분의 가톨릭교도는 그의 신학적 가르침을 공식 교의로 받아들였다. 그러므로 그는 결코 그러한 중생관을 가지리라고 기대할 수 없는 사람이다.

그러나 아퀴나스는 중생의 은혜가 협력적 은혜가 아니라 단독적 은혜라고 주장했다. 그는 선행적 은혜를 이야기했다. 그러나 믿음 이전에 임하는 은혜, 즉 중생의 은혜를 언급한 것이다.

바울이 에베소 교인들에게 쓴 편지에는 이 문제를 다루는 핵심 구절이 있다.

> 허물로 죽은 우리를 그리스도와 함께 살리셨고 (너희는 은혜로 구원을 받은 것이라)(엡 2:5).

바울은 중생이 일어나는 때를 정하고 있다. 중생은 우리가 죽어 있을 때 일어난다. 청천벽력 같은 사도의 계시와 함께 중생의 주도권을 인간에게 부여하려는 모든 시도는 이 말씀을 통해 철저하게 분쇄된다.

다시 한 번 말하지만, 죽은 사람은 은혜와 협력할 수 없다. 영적으로 죽은 사람은 주도권을 잡을 수 없다. 먼저 중생하지 않는 한, 믿음의 가능성은 존재하지 않는다.

예수님이 니고데모에게 하신 말씀도 바로 이것이다. 먼저 중생하지 않는 한, 인간은 하나님 나라를 볼 수도, 그 나라에 들어갈 수도 없다. 믿음이 중생에 선행한다고 믿는다면, 우리는 생각을 정하게 될 것이다. 그리고 그 결과 아우구스티누스, 아퀴나스, 루터, 칼빈, 에드워즈, 그 밖에 여러 사람뿐 아니라 바울과 주님의 가르침에 반대되는 견해에 서게 되는 것이다.

중생은 은혜다

바울은 중생을 설명하면서 은혜를 강조하고 있다. 어느 교파에 속한 그리스도인이든 구원이 은혜에 의존한다는 사실을 기꺼이 인정해야 한다.

종교 개혁 당시 개신교도가 내세운 슬로건은 라틴어로 된 두 가지 문구, 즉 "오직 성경"(*sola scriptura*)과 "오직 믿음"(*sola fide*)이었다. 그들은 그리스도 아래 있는 교회의 지고한 권위가 성경에만 있으며, 칭의가 오직 믿음으로 말미암는다고 주장하였다.

로마 가톨릭 교회도 성경에 권위가 있다는 사실을 부인하지 않았다. 문제는 "오직"이라는 말이었다. 로마 가톨릭 교회는 칭의가 믿음을 포함한다는 사실도 부인하지 않았다. 그런데도 그들이 루터를 정죄한 것은 "오직"이라는 말 때문이다.

종교 개혁 시대의 셋째 슬로건이 있다. 원래 루터보다 1,000년이 앞선 아우구스티누스가 작성한 것으로, 바로 "오직 은혜"(sola gratia)라는 문구다.

이 문구는 우리의 구원이 하나님의 은혜에만 근거한다고 단언한다. 은혜에는 인간의 행위가 섞이지 않는다. 구원은 인간의 성취가 아니다. 하나님의 은혜로운 선물이다. 그런데 이러한 신앙고백이 신인협력적인 중생관 때문에 위태로워지고 있다.

바울이 중생을 가르치면서 중생이 하나님의 은혜로운 사역이라는 사실을 덧붙인 것은 우연이 아니다. 그 가르침을 다시 살펴보자.

긍휼이 풍성하신 하나님이 우리를 사랑하신 그 큰 사랑을 인하여 허물로 죽은 우리를 그리스도와 함께 살리셨고 (너희는 은혜로 구원을 받은 것이라) 또 함께 일으키사 그리스도 예수 안에서 함께 하늘에 앉히시니 이는 그리스도 예수 안에서 우리에게 자비하심으로써 그 은혜의 지극히 풍성함을 오는 여러 세대에 나타내려 하심이라 너희는 그 은혜에 의하여 믿음으로 말미암아 구원을 받았으니 이것은 너희에게서 난 것이 아니요 하나님의 선물이라 행위에서 난 것이 아니니 이는 누구든지 자랑하지 못하게 함이라 우리는 그가 만드신 바라 그리스도 예수 안에서 선한 일을 위하여 지으심을 받은 자니 이 일은 하나님이 전에 예비하사 우리로 그 가운데서 행하게 하려 하심이니라(엡 2:4-10).

여러분은 성경을 재고(再考)해 본 적이 있는가? 부끄럽게도 나는 그런 적이 없다. 신학적으로 서로 다른 의견들을 보면서 나는 성경이 특정 문제에 대해서 더 분명하게 말하지 않은 이유가 무엇인지 종종 의아했다. 예를 들면 이런 것이다. "왜 신약성경은 우리가 유아세례를 해야 하는지 아닌지를 분명히 말하지 않는가?"

그러한 문제들을 다룰 때는 성경에서 추론한 내용을 기초로 판단을 내려야 한다. 그러한 문제들에 대한 의견 차이 때문에 당황스러울 때, 나는 주로 다음과 같은 요점으로 돌아간다. "문제는 성경이 명료하지 않다는 것이 아니다. 성경이 가르치는 것을 내가 분명하게 깨닫지 못한다는 것이다."

중생과 믿음의 문제와 관련하여 바울이 어떻게 하면 그 문제가 더 명확해졌을까? 어쩌면 바울은 에베소서 2장에 "중생이 믿음에 선행한다"라는 말을 덧붙일 수 있었을 것이다. 그러나 솔직히 말하자면, 그 문구조차 논쟁을 종식시키지 못할 것이다. 바울이 에베소서 본문에서 이미 분명히 밝힌 내용이나 예수님이 요한복음 3장에서 말씀하신 내용에는 추가할 것이 하나도 없다.

그렇다면 이런 논쟁이 일어나는 이유가 무엇인가? 아마도 우리가 하나님의 주도권으로 중생이 일어난다고 결론을 내린다면, 즉 중생이 단독 사역이며 구원이 은혜로만 말미암는다고 결론을 내린다면, 우리를 "주권적 선택"으로 인도할 수밖에 없는 명백한 함의에서 벗어날 수 없기 때문일 것이다.

선택 교리가 전면에 등장하자마자, 중생 앞에 믿음을 두는 방법을 찾으려고 혈안이 된 사람들이 있다. 이 모든 어려움에도 우리는 계속 이어지는 사도의 가르침을 볼 수 있다.

> 너희는 그 은혜에 의하여 믿음으로 말미암아 구원을 받았으니 이것은 너희에게서 난 것이 아니요 하나님의 선물이라 행위에서 난 것이 아니니 이는 누구든지 자랑하지 못하게 함이라(엡 2:8, 9).

여기서 사도 바울은 우리가 구원을 얻는 믿음이 은혜로 말미암아 임하는 믿음이라고 가르친다. 우리의 믿음은 우리가 우리 힘으로 우리 자신 안에서 실행하는 것이지만, 우리에게 속하지 않는다. 그것은 선물이다. 우리의 성취가 아니다.

중생의 열매로 주어지는 은혜로운 믿음의 선물과 더불어 모든 자랑은 영원히 배제된다. 하나님의 부요하신 은혜 말고는 자랑할 것이 전혀 없는 것이다. 우리가 "오직 은혜"에서 "오직"이라는 말을 유지한다면, 구원에 대한 인간 중심적인 견해는 배제될 수밖에 없다. 그러므로 우리는 오직 성령께만 속한 것을 우리에게 속한 것으로 돌려 성령을 근심하게 만들지 말아야 한다.

중생은 유효하다

전통적인 알미니안 신학에서는 중생이 믿음에 선행하기는 하지만 그것이 언제나 또는 반드시 믿음을 낳는 것은 아니라고 주장하는 사람들이 있다. 이들은 주도권이 하나님께 있다는 데 동의한다. 중생은 은혜로 말미암으며, 단독적 사역이다. 그 견해는 흔히 보편적 중생과 연결되어 있다.

이 개념은 십자가와 연결되어 있다. 어떤 사람은 그리스도의 대속이 베푸는 보편적인 혜택 중 한 가지는 이제 믿음이 가능하다는 관점에서 모든 사람이 중생한 것이라고 주장한다. 이제 우리에게는 구원의 은혜에 협력하거나 협력하지 않을 수 있는 능력이 있다는 점에서 십자가가 모든 사람을 영적인 죽음에서 구원한다는 것이다.

믿음을 실천하는 것으로 협력하는 사람들은 의롭다 함을 받는다. 반면에 믿음을 실천하지 않는 사람들은 중생하기는 했지만 회심하지는 않은 것이다. 그들은 영적으로 살아 있지만 여전히 불신 가운데 남아 있다. 그들에게는 하나님 나라를 보고 그 나라에 들어갈 수 있는 도덕적 능력이 있지만, 그렇게 하기를 선택하지 않고 있다는 것이다.

나는 이 견해를 무효한 은혜 또는 의존적인 은혜라고 부른다. 이것은 토마스 아퀴나스가 협력적 은혜라는 이유로 거절한 내용에 가깝다.

중생이 유효하다는 주장은 중생이 그 목표를 달성한다는 뜻이다. 중생은 유효하다. 할 일을 수행한다. 우리는 믿음에 대해서 살게 된다. 그 선물은 진정으로 부여되고 우리 마음에 뿌리를 내리는 믿음으로 말미암는다.

"유효적 부르심"이라는 문구는 종종 중생과 동의어로 사용된다. "부르심"이라는 단어는 우리 안에서 일어나는 어떤 일을 말한다. 그것은 우리 밖에서 일어나는 일과 대조된다.

귀로 들을 수 있게 복음이 선포될 때, 설교자의 입에서 소리가 발한다. 믿고 회개하라는 외적 부르심이 있는 것이다. 귀가 들리는 사람이라면 누구나 자기 귀로 그 말을 들을 수 있다. 이 말은 중생한 사람과 중생하지 않은 사람 모두의 청각 신경을 자극한다.

중생하지 않은 사람도 복음의 외적 부르심을 경험한다. 이러한 외적 부르심을 들었지만 믿음으로 받아들이지 않는다면, 구원은 일어나지 않을 것이다. 유효적 부르심은 중생에서 성령의 사역과 관련된다. 이 부르심은 내적 부르심이다. 중생한 사람들은 내적 부르심을 받은 사람들이다. 중생의 내적 부르심을 받은 사람들은 믿음으로 반응한다. 바울은 이렇게 말하고 있다.

> 또 미리 정하신 그들을 또한 부르시고 부르신 그들을 또한 의롭다 하시고 의롭다 하신 그들을 또한 영화롭게 하셨느니라(롬 8:30).

로마서의 이 구절은 생략 구문이다. 즉 이 구절에서 우리는 본문에 포함되어 있지만 겉으로 표현되지 않은 단어를 보충해야 한다.

문제는 어떤 단어를 보충해야 하느냐다. 일부라는 단어인가, 아니면 모두라는 단어인가? 먼저 "일부"라는 단어를 보충해 보자.

또 미리 정하신 일부를 또한 부르시고 부르신 일부를 또한 의롭다 하시고 의롭다 하신 일부를 또한 영화롭게 하셨느니라.

여기에 일부라는 단어를 보충하면 본문을 곡해하게 된다. 이 구절대로라면 예정된 사람들 가운데 일부는 전혀 복음을 듣지 않는다는 뜻이 될 것이다. 그리고 부름 받은 사람들 가운데 일부가 전혀 믿음과 칭의에 이르지 않으며, 의롭다 하심을 받은 사람들 가운데 일부는 영화롭게 되지 않는다는 의미가 될 것이다. 이러한 구조에서는 부르심이 유효하지 못할 뿐 아니라 예정이나 칭의 또한 유효하지 못할 것이다.

이 성경 본문은 예정된 모든 사람이 마찬가지로 부름을 받는다는 사실을 함축하고 있다. 또한 부름 받은 모든 사람이 의롭다 함을 받고, 의롭다 함을 받은 모든 사람이 영화롭게 된다는 것이다.

그것이 사실이라면, 우리는 사람들이 주의할 수도 있고 그러지 않을 수도 있는 복음의 외적 부르심과, 필연적으로 유효한 성령의 내적 부르심을 구별해야 한다. 그 이유가 무엇일까? 부름 받은 자들이 또한 의롭다 함을 받는다면, 부름 받은 모든 사람이 믿음을 실천해야 한다. 그런데 복음의 외적 부르심을 들은 모든 사람이 믿고 의롭다 하심을 받는 것은 아니다.

그러나 유효한 부르심을 받은 사람은 모두 믿음과 칭의에 이른다. 이때 이 부르심은 중생과 연결된 성령의 내적 역사와 관련이 있다. 성령이 살리신 사람은 분명히 생명에 이른다. 그들은 하나님 나라를 보게 된다. 그들은 하나님 나라를 받아들인다. 그리고 그 나라에 들어간다.

우리는 성령 하나님께 중생과 믿음의 은혜에 빚진 자들이다. 성령 하나님은 우리에게 선물을 주신 분이다. 우리가 죽어 있을 때 우리를 그리스도와 함께, 그리스도에게로, 그리스도 안에 살게 하신 분이다. 우리가 오직 은혜, 오직 하나님께 영광이라고 노래 부르는 것은 우리를 살게 하신 성령의 은혜로운 행위 때문이다.

Chapter 7

칭의와 성화, 그리고 성령

성령을 기억하는 모든 사람에게는 늘 출구가 있다. 마귀와 함께 광야에 있을 때조차도. - 허버트 F. 브로커링

우리는 삼위일체의 제3위를 성령이라고 부른다. 그런데 왜 "거룩한"이라는 호칭을 특별한 방식으로 그분께 붙이는 것일까? 거룩함의 속성은 성령뿐 아니라 성부와 성자에게도 속한다. 그러나 우리는 보통 삼위일체를 성부와 성자와 성령이라는 관점에서 이야기하지 않는다.

성령이 성부와 성자보다 더 거룩하시거나 덜 거룩하신 것은 아니다. 그분의 이름에 붙는 "거룩한"이라는 말은 구속 계획에서 그분의 사역의 핵심으로 주의를 환기시킨다. 성령은 "거룩하게 하시는 자"이시다. 그분은 우리 안에 역사하셔서 우리를 그리스도의 온전한 형상에 이르게 하심으로 그리스도의 사역을 우리에게 적용시키신다.

진리의 영으로 거룩해지라

우리는 죄와 정죄에서 구원받을 뿐 아니라 거룩함으로 구원받는다. 구속의 목표는 거룩함이다. 베드로는 중생을 이렇게 설명하였다.

우리 주 예수 그리스도의 아버지 하나님을 찬송하리로다 그의 많으신 긍휼대로 예수 그리스도를 죽은 자 가운데서 부활하게 하심으로 말미암아 우리를 거듭나게 하사 산 소망이 있게 하시며(벧전 1:3).

우리는 새로 태어난 사람들이다. 미래에 대한 소망으로 가득 찬 사람들이다. 베드로는 이러한 재창조와 중생이라는 은혜로운 사역에 비추어 다음과 같이 권면하고 있다.

그러므로 너희 마음의 허리를 동이고 근신하여 예수 그리스도께서 나타나실 때에 너희에게 가져다주실 은혜를 온전히 바랄지어다 너희가 순종하는 자식처럼 전에 알지 못할 때에 따르던 너희 사욕을 본받지 말고 오직 너희를 부르신 거룩한 이처럼 너희도 모든 행실에 거룩한 자가 되라 기록되었으되 내가 거룩하니 너희도 거룩할지어다 하셨느니라(벧전 1:13-16).

베드로는 "그러므로"라는 단어로 권면을 시작하고 있다. 이 단어는 이미 설명된 전제들에 기초하여 내려질 결론을 암시한다. 놀라운 중생의 사역에 비추어 우리는 열심히 거룩함을 추구하도록 도전받고 있는 것이다.

"그러므로"라는 말에 이어지는 은유는 조금 이상하게 들린다. "너희 마음의 허리를 동이고." 우리는 허리를 마음과 연관시키는 데 익숙하지 않다. 베드로의 이미지는 바울이 언급한 하나님의 전신갑주를 연상시킨다.

> 마귀의 간계를 능히 대적하기 위하여 하나님의 전신갑주를 입으라 우리의 씨름은 혈과 육을 상대하는 것이 아니요 통치자들과 권세들과 이 어둠의 세상 주관자들과 하늘에 있는 악의 영들을 상대함이라 그러므로 하나님의 전신갑주를 취하라 이는 악한 날에 너희가 능히 대적하고 모든 일을 행한 후에 서기 위함이라 그런즉 서서 진리로 너희 허리띠를 띠고 의의 호심경을 붙이고(엡 6:11-14).

바울은 싸움을 알리는 클라리온(clarion, 옛날에 전쟁 때 사용한 트럼펫의 일종_옮긴이) 소리가 들려올 때 가장 처음 준비할 사항으로 허리띠를 띠는 것을 포함시켰다. 하나님은 욥과 논쟁을 벌이시면서 욥에게 이렇게 명령하셨다.

> 너는 대장부처럼 허리를 묶고 내가 네게 묻겠으니 내게 대답할지니라(욥 40:7).

허리를 묶는 것은 고대의 군인이 싸울 준비를 하기 위해 가장 처음에 취하는 행동이다. 그 당시 전형적인 복장은 겉옷이 길고 헐거웠다(로마의 경우 토가[toga, 고대 로마인이 입던 헐거운 겉옷_ 옮긴이]). 일상복으로 사람들이 입은 그 옷은 발목까지 내려왔다.

싸움을 알리는 군용 나팔이 울리면, 군인은 겉옷을 무릎까지 치켜 올리고 안전하게 허리띠로 고정시켰다. 바로 이것이 허리를 동이는 행동이다. 허리를 동이지 않으면, 민첩하게 움직일 수 없었다. 옷을 허리에 움켜쥐고 돌아다녀야 하기 때문이다. 그러나 일단 허리를 동이면, 무릎과 다리를 자유롭고 재빠르고 부드럽게 움직일 수 있었다.

베드로는 그 이미지를 사용해서 마음에 적용시키고 있다. "너희 마음의 허리를 동이고." 이 표현은 일단 거듭난 그리스도인은 반드시 전쟁에 대비해야 한다는 것을 의미한다. 그리스도인의 삶을 살아간다는 것은 우주적인 전쟁에 들어서는 것이다. 성화의 길은 전쟁의 길이다.

그리스도인으로서 나의 순례 여행을 돌이켜볼 때면 나는 매디슨 가(Madison Avenue, 뉴욕의 광고업 중심가_ 옮긴이)의 선전 문구처럼 과장된 말로 복음을 팔던 열광적인 설교자들의 설교를 듣던 기억이 떠올라 민망해진다.

나는 다음과 같은 약속들을 들었다. "예수님께 나오시면 여러분의 모든 문제가 끝날 겁니다." "순수한 신앙을 가지시면, 여러분의 삶도 순수해질 겁니다." 이런 선전 문구는 매디슨 가에서는 통할지 모르지만, 비아 돌로로사(*Via Dolorosa*), 즉 십자가의 길에서는 효력이 없을 것이다.

어떤 면에서 내 삶은 그리스도인이 되면서부터 복잡해지기 시작했다. 회심 전, 나는 "시온에서 편히 쉬고 있었다." 마음 편히 죄악 된 삶을 즐기고 있었다. 인생은 게임이었다. 그러나 회심한 후에는 이제 내가 영원히 결과가 지속되는 게임을 하고 있음을 깨달았다.

내가 내리는 모든 윤리적 결정은 도덕적인 중요성으로 가득 채워졌다. 이제 내 양심은 하나님 말씀에 살아 반응하게 되었다. 또한 내가 다른 고수(鼓手)가 치는 북소리에 맞춰 진군해야 한다는 사실도 깨달았다. 내 친구들과 내가 속한 사회의 구성원들은 또 다른 고수가 치는 북소리에 맞춰 진군하고 있다는 사실도 깨달았다.

2차 세계대전 당시 나는 나이가 어렸지만, 그 전쟁을 생생히 기억하고 있다. 나는 군인이신 아버지께서 진급하신 때를 기억한다. 아버지는 중위로 시작해서 중령으로 제대하셨다. 진급하실 때마다 아버지는 오래된 계급장과 훈장을 보내주셨다. 어머니는 내가 입고 다니는 군대 셔츠에 그 계급장과 훈장을 달아 장식하게 하셨다. (그래서 나는 바느질을 배웠다).

내가 아버지께 받은 일단의 배지들은 연공 수장이었다. 소매에 다는 이 배지들은 군복무 기간을 알려주었다. 아버지는 징집 군인이 아니셨다. 전쟁이 일어났을 때 징집 대상이 되기에는 아버지 나이가 너무 많았다. 결국 아버지는 지역 징집 위원회 회장으로 지명

되셨는데 그 일을 하신 지 두 주 정도 지난 어느 날, 군복을 입고 집에 돌아오셨다. 그 모습에 어머니는 매우 놀라셨다. "내가 직접 가지 않은 채 소년들을 전쟁터에 보낼 수는 없었소. 그래서 입대했소." 1942년 초에 입대하신 아버지는 일본이 항복한 뒤인 1945년 말에 제대하셨다. 입대하실 때 아버지는 "전쟁이 끝날 때까지" 복무하기로 서명하셨던 것이다.

그리스도인으로 살기 시작할 때, 우리는 전쟁이 끝날 때까지 복무해야 하는 군에 입대하는 것이다. 주님이 우리를 본향으로 부르시지 않는 한, 이 전쟁이 4년 안에 끝나지는 않을 것이다. 그 전쟁은 우리가 살아 있는 한 계속된다. 해마다 우리는 군복 소매에 연공 수장을 하나씩 달게 된다.

이 우주적인 전쟁에서 살아남기 위해 우리는 마음의 허리를 동여야 한다. 사탄과의 싸움은 주로 마음(mind)에서 일어난다. "기독교는 엄밀하게 감정(heart)의 문제"라고 속삭이는 유혹에 굴복하는 것보다 어리석고 큰 위험은 없다.

하나님은 감정이 마음을 따르는 방식으로 우리를 만드셨다. 하나님은 우리를 교육하시기 위해서 애인(valentine)을 보내신 것이 아니다.

성령은 우리가 마음을 새롭게 함으로 변화를 받을 수 있도록 계시의 내용을 담은 책을 주셨다. 잠언은 이렇게 말하고 있다.

> 대저 그 마음의 생각이 어떠하면 그 위인도 그러한즉(잠 23:7).

잠언 기자는 사고하는 기관이 감정이 아니라 마음이라는 사실을 잘 알고 있었다. 그가 말하는 마음의 생각이란 우리가 갖고 있는 가장 깊은 생각을 뜻한다. 우리가 생각하는 것이 바로 우리를 나타낸다. 또는 이렇게 말하는 것이 더 정확할 것이다. "우리는 우리가 생각하는 대로 된다." 우리 생각이 끊임없이 불순하다면, 그 불순함이 곧 우리 삶 가운데 그 모습을 드러낼 것이다. 생각이 혼란에 빠져 있다면, 삶도 혼란에 빠질 것이다.

성화 과정에서 성령은 우리의 교사가 되신다. 그분의 교과서는 성경이다. 성령은 우리 생각에 정보를 제공하려고 애쓰신다. 중생의 첫 열매인 회개는 마음의 변화다. 지성적이지 않은 기독교라는 말은 모순이다. 그리스도인은 성령의 인도 아래 (깊이) 생각하라는 권면을 받고 있기 때문이다.

성령은 또한 진리의 영이시다. 바울은 허리를 동이는 것과 하나님의 전신갑주를 이야기할 때, 허리를 동이기 위해 필요한 것은 진리라고 말한다.

> 그런즉 서서 진리로 너희 허리띠를 띠고 의의 호심경을 붙이고(엡 6:14).

"진리"가 영적 군사를 서툰 시골뜨기에서 잽싸고 날랜 용사로 변화시킨다. 그 진리는 우리를 자유케 한다. 예수님은 이렇게 말씀하셨다.

그러므로 예수께서 자기를 믿은 유대인들에게 이르시되 너희가 내 말에 거하면 참으로 내 제자가 되고 진리를 알지니 진리가 너희를 자유롭게 하리라 (요 8:31, 32).

예수님은 다락방에서 말씀하실 때, 성령을 보내겠다고 약속하셨다.

내가 아버지께 구하겠으니 그가 또 다른 보혜사를 너희에게 주사 영원토록 너희와 함께 있게 하리니 그는 진리의 영이라 세상은 능히 그를 받지 못하나니 이는 그를 보지도 못하고 알지도 못함이라 그러나 너희는 그를 아나니 그는 너희와 함께 거하심이요 또 너희 속에 계시겠음이라 (요 14:16, 17).
보혜사 곧 아버지께서 내 이름으로 보내실 성령 그가 너희에게 모든 것을 가르치고 내가 너희에게 말한 모든 것을 생각나게 하리라 (요 14:26).

그리고 예수님이 이 개념을 가장 완전하게 표현하신 말씀은 이 것이다.

그러나 내가 너희에게 실상을 말하노니 내가 떠나가는 것이 너희에게 유익이라 내가 떠나가지 아니하면 보혜사가 너희에게로 오시지 아니할 것이요 가면 내가 그를 너희에게로 보내리니 그가 와서 죄에 대하여, 의에 대하여, 심판에 대하여 세상을 책망하시리라 죄에 대하여라 함은 그들이 나를 믿지 아니함이요 의에 대하여라 함은 내가 아버지께로 가니 너희가 다시 나를 보지 못함이요 심판에 대하여라 함은 이 세상 임금이 심판을 받았음이라 내가 아직도 너희에게 이를 것이 많으나 지금은 너희가 감당하지 못하리라 그러나 진리의 성령이 오시면 그가 너희를 모든 진리 가운데로 인도하시리니 그가 스스로 말하지 않고 오직 들은 것을 말하며 장래 일을 너희에게 알리시리라 그가 내 영광을 나타내리니 내 것을 가지고 너희에게 알리시겠음이라(요 16:7-14).

예수님은 이 강화에서 제자들에게 성령과 그분의 사역에 관해서 많은 것을 가르치고 계신다. 성령은 진리의 영이라 불리신다. 성령은 성부와 성자께 보냄을 받으신다. 그분의 사역에는 우리의 교사로서 그 역할을 성취하시는 것이 포함된다.

성령은 거룩한 성경의 저자이시다. 그분은 성경 원본에 영감을 불어넣은 분이다. 우리가 이해할 수 있도록 말씀을 조명해 주는 분이다. 성령은 우리를 확신으로 인도하기 위해 말씀을 사용하신다.

성령은 말씀과 구별되시지만, 성령과 말씀을 분리시키는 것은 영적으로 치명적인 일이다. 성령은 말씀을 떠나거나 거스르지 아니하시고, 말씀을 통해, 말씀과 더불어 우리를 가르치시고 인도하시고 말씀하신다. 방종한 영혼들이 하나님의 말씀을 거슬러 행동하면서 성령의 인도를 받고 있다고 주장하여 하나님을 조롱하는 일은 성령을 근심케 한다.

하나님의 말씀은 성령의 말씀이다. 성령은 절대 말씀에 어긋나는 것을 가르치지 않으신다. 말씀은 진리다. 성령의 진리다. 말씀은 우리에게 영을 분별하라고 명령한다.

사랑하는 자들아 영을 다 믿지 말고 오직 영들이 하나님께 속하였나 분별하라 많은 거짓 선지자가 세상에 나왔음이라(요일 4:1).

영들을 분별하라는 명령을 받을 때, 그 분별은 진리의 문제와 연관되어 있다. 요한이 그러한 분별이 필요하다고 말한 것은 거짓 선지자들 때문이다. 거짓 선지자가 거짓된 이유는 그가 진리를 말하지 않기 때문이다.

진리를 말한다고 주장하는 것은 거짓 선지자의 전형적인 특징이다. 그는 성령의 권위를 갖고 있다고 주장한다. 이러한 주장들은 케케묵은 것들이다. 사실상 하나님의 영께 인도를 받는다고 말하는 사람이 모두 하나님의 영께 인도받는 것은 아니다. 성령은 진리의 영이다. 그분은 진리로만 인도하신다. 그분은 진리를 멀리하거나 거스르시는 법이 절대로 없다.

성경은 진리의 기준과 시금석이라는 기능을 수행한다. 성령께서 계시하신 진리이기 때문이다. 성령은 자기 자신과 모순되지 않으신다. 성령은 혼란의 장본인이 아니시다. 누군가가 성령의 인도를 받는다고 하면서 성경에 어긋나게 가르친다면, 그는 분명히 성령의 인도를 받고 있는 것이 아니다.

성령은 진리로 우리를 가르치사 우리가 거룩해질 수 있게 하신다. 진리를 배우는 것 자체는 목적이 아니다. 그것은 거룩함을 배우고 실천하는 수단이다.

베드로가 마음의 허리를 동이라고 명하며 시작한 부분이 구약 성경을 인용하면서 마치는 것은 우연이 아니다.

> 기록되었으되 내가 거룩하니 너희도 거룩할지어다 하셨느니라(벧전 1:16).

안전함과 온전함

성령께서 우리를 중생시키시고 영적 생명을 얻게 하실 때, 그 사역은 우리 영혼을 각성시켜 구원 얻는 믿음을 얻게 한다. 이 믿음의 열매가 칭의다. 우리가 믿음으로 그리스도를 영접하는 순간, 하나님은 우리를 의롭다고 선언하신다. 우리가 의로운 것은 갑자기 거룩해져서가 아니다. 그리스도의 공로가 우리에게 전가되었기 때문이다. 우리가 여전히 죄에 오염되어 있는데도 하나님은 그리스도 안에서 우리를 의롭게 간주하신다.

루터의 유명한 신앙고백은 이 개념을 다음과 같이 포착하고 있다. 시물 유스투스 에트 페카토르(Simul justus et peccator). "의인인 동시에 죄인"이라는 뜻이다. 우리는 죄와 여전히 씨름하고 있는 동시에 그리스도 안에서, 그리스도를 통해서, 그리스도에 의해서 의인이 된다. 이신칭의(以信稱義)는 그리스도로만 말미암는 칭의를 말한다.

그 다음으로 우리는 칭의가 성화에 선행한다는 사실을 보게 된다. 중생이 믿음에 선행하고, 믿음이 칭의에 선행하듯이(논리적인 순서), 칭의가 성화에 선행하는 것이다.

중생이 사실이라면, 그것이 언제나 칭의를 낳으리라는 사실을 이해하고 마음속에 확고히 세우는 것은 매우 중요하다. 우리의 칭의가 사실이라면, 그것은 언제나 성화를 낳을 것이다. 진정한 성화가 따르지 않는 진정한 칭의란 있을 수 없다.

이 시점에서 우리는 중생과 성화의 중요한 차이에 주목해야 한다. 중생은 즉각적이고 자발적이다. 우리는 중생을 서서히 의식할 수도 있다. 그러나 그 행위 자체는 성령에 의해서 순간적으로 일어난다. 부분적으로, 또는 절반만 중생하는 사람은 아무도 없다. 인간은 중생하거나 중생하지 않거나 둘 중 하나다. 중도(中道)는 존재하지 않는다.

칭의에도 같은 사실이 적용된다. 부분적으로 의롭다 함을 받는 사람은 아무도 없다. 하나님은 구원 얻는 믿음이 존재하는 순간, 즉시 우리를 의롭다고 선언하신다.

그러나 성화는 조금 다르다. 성화는 우리가 의롭다 함을 받는 순간 시작되기는 하지만, 그 과정은 점진적이다. 성화는 우리가 살아 있는 한 계속된다. 칭의는 즉석에서 완전한 성화를 낳지 않는다. 그러나 성화가 분명하게 시작되고 있지 않다면, 그보다 앞선 칭의나 믿음, 중생이 없었다는 것을 명백하게 증거하는 셈이다.

중생과 성화의 핵심적인 두 번째 차이는 그 작용에 개입된 당사자다. 중생은 단독적이다. 하나님의 단독 사역이다. 그러나 성화는 신인협력적이다. 성령과 우리의 협력을 함축하고 있는 것이다.

> 그러므로 나의 사랑하는 자들아 너희가 나 있을 때뿐 아니라 더욱 지금 나 없을 때에도 항상 복종하여 두렵고 떨림으로 너희 구원을 이루라 너희 안에서 행하시는 이는 하나님이시니 자기의 기쁘신 뜻을 위하여 너희에게 소원을 두고 행하게 하시나니(빌 2:12, 13).

이 본문은 신인협력설의 전형적인 개념을 제시해 준다. 우리는 이미 두 당사자가 구원 사역에 개입되어 있음을 알 수 있다. 우리는 두려움과 떨림으로 열심히 행하라는 명령을 받고 있다. 그와 동시에 하나님이 우리 안에 역사하신다는 약속을 받고 있다.

우리를 중생시키실 때, 성령은 우리 영혼의 성향을 변화시키기 위해 우리 위에, 우리 안에 역사하실 뿐 아니라 오셔서 우리 안에 거하신다. 그리스도인 안에 거하시는 성령은 계속 거룩을 추구하는 우리를 도우시면서 영향력을 행사하신다.

이 시점에서 위험 신호가 켜진다. 지금도 복음주의 공동체 안에서 문제를 일으키고 있는 심각한 이단에 빠지지 않도록 조심하라는 붉은색 경고등이 켜지는 것이다.

성령이 우리 안에 거하신다고 해서 그분이 우리가 되시지는 않는다. 우리 역시 어떤 식으로든 신격화되지 않는다. 신적 존재이신 하나님의 성령이 내 안에 거하시지만, 그렇다고 내가 하나님의 새로운 성육신이 되는 것은 아니다. 지금도 성령이 내주하는 사람을 그리스도와 같은 하나님의 성육신이라고 가르치는 사람들이 있다. 여기에 그러한 교사들의 이름을 언급할 생각은 없다. 그러한 개념은 엄청나게 이단적이고 불경스러운 것이다.

성령은 신격화된 피조물이 아닌 성화된 인간을 만들기 위해 역사하신다. 하나님은 우리를 영원하고 자존적인 피조물로 만들지 않으신다. 또 다른 신을 창조하지도 않으신다. 하나님이 창조하시는 모든 것은 분명 피조물이다. 피조된 것은 영원하거나 자존적일 수 없다. 하나님은 죽지 않는 피조물을 창조하실 수 있지만, 영원한 피조물을 창조하실 수는 없다. 죽지 않는 피조물은 미래까지 영원히 살 수 있는 능력은 소유할 수 있지만, 과거에 이르기까지 영원히 살아온 능력을 소유할 수는 없기 때문이다.

성령 하나님이 의롭다 함을 얻는 믿음을 얻게 하실 때, 우리는 안전하다. 우리는 의롭다 하심을 받는 순간, 마르틴 루터의 신앙고백이 암시하듯이 안전하다. 루터는 칭의란 질병이 아직 치유되지 않았지만 의사가 우리에게 분명히 살 수 있다고 선언하는 것이라고 비유했다. 그러나 우리에게는 성화의 은혜와 더불어 완전히 우리를 회복시킬 치료약이 주어진다.

O. P. 기포드는 성화 과정을 설명하기 위해서 다음과 같은 예화를 소개하였다.

기계 장치가 망가진 증기선은 항구로 인양되어서 부두에 단단히 묶인다. 그 배는 안전하기는 하지만 온전하지 않다. 그 배를 수리하는 데에는 오랜 시간이 걸릴 수도 있다. 그리스도께서는 우리를 안전한 동시에 온전하게 만드실 계획이 있으시다. 칭의는 우리를 안전하게 하고, 성화는 온전하게 한다.[12]

오늘날 그리스도인 가운데 그리스도를 주(Lord)로 받아들이지 않으면서 구주(Savior)로는 받아들이는 가능성에 대한 논쟁이 벌어지고 있다. 이렇게 그리스도를 구주와 주를 나누는 이분법은 성경적인 칭의와 성화 개념에서 극도로 동떨어진 것이다.

A. A. 핫지는 언젠가 이렇게 말했다. "자신이 그리스도인이라고 생각하면서 성화를 위해서 그리스도를 영접했다고 생각하는 사람은 바로 그 체험에 끔찍하게 속고 있는 것이다."[13]

예수님의 주 되심을 무시하거나 거부하거나 간과하면서 그분을 구주로 받아들이는 믿음을 정당화시켜줄 수 있는 것은 아무것도 없다. 우리는 예수님이 수행하시는 구주와 주의 기능을 구별할 수는 있어도, 결코 그 역할들은 분리할 수 없다. 믿음으로 그리스도를 영접하는 것은 그리스도 전부를 영접하는 것이다.

중생과 성화에서 성령의 사역을 구별할 때에도 그 두 사역은 여전히 연결되어 있다. 우리는 믿음 안으로(into), 그리고 칭의와 성화

---

12. A. H. Strong, *Systematic Theology* (Old Tappan, N. J.: Fleming H. Revell, 1907), p. 869.
13. 같은 책.

를 향해(unto) 중생한다. A. H. 스트롱은 이렇게 쓰고 있다.

> 하나님의 역사는 죄악 된 욕구들을 발견하고 죽이는 그리스도인의 지적이고 자발적인 활동과 더불어, 그리고 전 존재가 그리스도께 순종하고 그분의 말씀의 기준에 따르도록 인도하시는 가운데 그 자체를 계시한다.[14]

성화는 운동(movement)을 포함한다. 우리는 흔히 그 운동을 영적인 성장의 관점과 연결한다. 때때로 우리는 마치 두 발자국 전진했다가 한 발자국 후퇴하는 것처럼 보인다. 우리는 영적 행보 중에 미끄러지고 넘어질 때마다 "영적 타락"을 이야기한다.

그러나 성화의 전반적인 패턴은 성장이다. 그 성장은 점진적이다. 때로는 고통스러울 정도로 느릴 것이다. 그러나 활동이 있어야만 한다. 영적으로 운동이 정지한 그리스도인은 아무도 없다. 스트롱은 이 점에 대해서 호레이스 부쉬넬의 말을 인용하고 있다.

> 만일 별들이 움직이지 않는다면, 그 별들은 하늘에서 썩어버릴 것이다. 자전거를 타고 가는 사람은 계속 자전거를 타고 가거나 자전거에서 내리거나 둘 중 하나다. 성화는 대부분 성경을 읽고, 은밀하게 기도하고, 교회에 출석하고, 다른 사람들을 회심시키고 도와

---

14. 같은 책, 871쪽.

주는 적절한 습관을 형성하는 것이다.¹⁵

나는 부쉬넬의 자전거 유추를 좋아한다. 자전거의 균형을 유지하려면 계속 자전거를 움직여야 한다. 자전거가 멈출 때, 우리에게는 땅에 닿을 정도로 긴 다리가 있어야 할 것이다. 그렇지 않다면 넘어지고 말 것이기 때문이다. 나는 자전거가 멈출 때 다리가 짧아서 땅에 닿지 않더라도 자전거를 탈 수 있는 법을 배웠다. 자전거에서 안전하게 내릴 수 있도록 자전거를 세운 곳에 매트리스를 깔아둔 것이다.

성화에서 양심의 역할

성화가 우리 삶에 초래하는 변화는 내부에서 작용한다. 우리의 외적 행동들은 우리 마음의 내적 성향과 마음의 생각을 드러낸다.

성령께서 우리의 마음과 감정에 역사하실 때, 세 가지 중요한 변화가 일어난다.

우선 우리의 양심에 변화가 일어난다. 성령께서는 우리 안에 새로운 의식을 일깨우신다. 주의 깊게 하나님 말씀을 들을 때, 우리는 새로운 방식으로 하나님께 속한 것들을 의식하게 된다. 중생하면, 모든 것이 새로워진다. 그 결과 우리는 영적 분별력을 얻게 된다.

---

15. 같은 책, 871쪽.

우리가 세상의 영을 받지 아니하고 오직 하나님으로부터 온 영을 받았으니 이는 우리로 하여금 하나님께서 우리에게 은혜로 주신 것들을 알게 하려 하심이라 우리가 이것을 말하거니와 사람의 지혜가 가르친 말로 아니하고 오직 성령께서 가르치신 것으로 하니 영적인 일은 영적인 것으로 분별하느니라 육에 속한 사람은 하나님의 성령의 일들을 받지 아니하나니 이는 그것들이 그에게는 어리석게 보임이요, 또 그는 그것들을 알 수도 없나니 그러한 일은 영적으로 분별되기 때문이라 신령한 자는 모든 것을 판단하나 자기는 아무에게도 판단을 받지 아니하느니라 누가 주의 마음을 알아서 주를 가르치겠느냐 그러나 우리가 그리스도의 마음을 가졌느니라(고전 2:12-16).

그리스도의 마음을 갖는다는 것은 그분이 생각하시는 것처럼 생각한다는 것이다. 그분이 긍정하시는 것을 긍정하고, 그분이 부인하시는 것을 부인하는 것이다. 그분이 사랑하시는 것을 사랑하고, 증오하시는 것을 증오하는 것이다.

우리의 성화는 우리 생각이 변할 때 힘을 얻기 시작한다. 우리는 새로운 관점, 전적으로 새로운 가치 체계를 인식하게 되는 것이다.

그러나 진리를 의식하는 것만으로는 충분하지 않다. 진리를 실천하려면 그 의식이 우리가 확신이라고 부르는 수준까지 이르러야 한다.

성령은 진리를 의식하는 것뿐 아니라 그 진리를 확신시키기 위해 역사하신다. 예를 들어, 나는 도둑질이 나쁘다는 사실을 생각하거나 수동적으로 깨달을 수 있다. 그러나 내 마음속에서 일어나는 그 자각이 모호하고 약하다면 내 행동이 바뀔 가능성은 크지 않다.

하나님이 계시하시는 모든 진리에는, 그 진리를 공격하고 대응하는 거짓이 존재한다. 우리는 간음이 죄라는 사실을 깨달을 수 있다. 그러나 순결에 대한 우리의 결단은 약해져 있다. 이 시대 문화가 몹시 요란하고 집요하게 간음은 정상이고 괜찮다고 떠들기 때문이다. 문화의 유혹을 피하기 위해 우리는 죄가 사악하다는 사실을 단호하고 철저하게 확신해야 한다.

확신에 이르는 의식의 단계를 거쳐 양심이 변하는 시점에 이를 때, 행동 역시 극적으로 변하게 된다.

인간의 양심은 강력하지만 변화될 수 있다. 양심은 "하나님의 내적 음성", 즉 우리를 정죄하거나 변명하는 일종의 내재적 체제라고 불려왔다. 양심은 우리 행동의 감시자 역할을 한다. 양심이 지닌 문제는 하나님 말씀에 예민하거나 둔감할 수 있다는 것이다. 죄인인 우리는 양심을 마비시키는 데 명수다. 우리는 우리를 정죄하는 내적인 음성을 잠잠케 하는 합리화의 대가들이다.

낙태가 도덕적으로 정당화될 수 있다고 주장하는 사람들이 있는 반면에, 낙태가 극악무도한 짓이라고 격렬하게 주장하는 사람들도 있다. 학교와 직장에서 속임수를 쓰는 사람은 교묘하게 그 속임수를 정당화한다. 히틀러는 대학살을 자행한 자신의 행위를 도덕적으로 정당화하였다. 솔직하게 "내가 하는 일은 악하지만, 나는 그 일을 즐기기 때문에 어쨌든 그 일을 하고 있다"고 말하는 사람은 거의 없다.

우리는 어떤 행위가 죄라는 사실을 인정할 수 있다. 그러나 우리는 그 죄가 사소하고 보잘것없는 것이라고 주장한다. 어떤 범죄를 솔직하게 인정하면 그 범죄를 용서받을 수 있기나 한 것처럼, "적어도 나는 내가 하고 있는 일에 대해서 정직해"라며 두루뭉술하게 변명하기까지 한다.

우리가 우리 죄의 흉악성을 깨닫거나 인정하는 일은 드물다. 우리가 하는 죄 고백은 대부분 그 죄를 깊이 자각하지 못하고 있다.

하나님은 이스라엘을 책망하시기 위해 예레미야를 통해 말씀하셨다.

그러나 너는 말하기를 나는 무죄하니 그의 진노가 참으로 내게서 떠났다 하거니와 보라 네 말이 나는 죄를 범하지 아니하였다 하였으므로 내가 너를 심판하리라(렘 2:35).

예레미야는 이스라엘을 창녀에 비유하였다.

그럴지라도 네가 창녀의 낯을 가졌으므로 수치를 알지 못하느니라(렘 3:3).

끊임없이 반복적으로 죄를 범하면서 이스라엘은 창녀처럼 수치를 느낄 수 있는 능력을 잃어버린 것이다.

이스라엘의 죄는 마비된 양심이 초래하는 치명적인 결과를 계시하고 있다. 이스라엘은 죄를 범하고도 더 이상 죄책감을 느끼지 못할 정도로 자기 죄에 편안함을 느끼게 되었다. 이스라엘은 양심의 소리를 효과적으로 잠잠케 하였다. 이스라엘의 양심은 이스라엘을 정죄해야 할 때 오히려 이스라엘을 변명했다.

선한 양심은 하나님 말씀을 통해서 성령에 의해 훈련된다. 우리가 하나님의 진리를 분명히 이해하고 양심의 가책을 받을 때, 양심이라는 통치자가 우리를 의(義)로 통치하기 시작한다. 영적으로 성숙한 양심은 신중하다. 그 양심은 육신이 허락하는 것을 허락하지 않는다.

그리스도인의 양심은 하나님 말씀에 대해 살아 있다. 그 양심은 병적인 죄책감으로 우리를 마비시키는 독재자가 아니다. 진정한 죄책을 지고 있을 때, 우리는 죄책감을 느낄 것이다. 고통이 신체 건강에서 그렇듯이, 이것은 영적 건강에서 본질적이다. 고통은 질병이 있다는 것을 알리는 신호다. 고통을 느끼는 능력을 상실한다면, 우리는 심각한 질병을 알리는 경보 체계를 갖지 못하게 될 것이다.

지미니 크리켓(Jiminy Cricket, 디즈니 만화영화 〈피노키오〉에 등장하는 캐릭터로, 제페토의 멘토가 되는 귀뚜라미_ 편집자)은 피노키오에게 이렇게 말했다. "항상 네 양심이 네 인도자가 되게 하렴." 양심이 마비되어 하나님 말씀과 조화를 이루지 못한다면, 그 양심이 하는 충고는 치명적일 것이다. 그러나 루터처럼 우리의 양심이 하나님 말씀의 포로가 된다면, 그것은 온전한 충고가 된다.

성령은 우리를 하나님 말씀에 대한 의식에서 하나님 말씀에 대한 확신으로 인도한다. 성령은 그 확신을 기초로 우리가 그리스도의 형상을 닮아갈 수 있도록 우리의 양심을 구속(救贖)하신다. 이것이 성화의 목표, 즉 성령이 우리 안에서 이루기를 원하시는 목표다.

Chapter 8

성령 세례?

성령 충만한 삶은 선택된 소수에게만 계시되는 신비가 아니며, 달성하기 어려운 목표도 아니다. 신뢰하고 순종하는 것이 모든 문제의 본질이다. – V. 레이몬드 어드먼

 교회를 휩쓴 운동 가운데 가장 눈에 띄는 운동은 은사 운동(Charismatic Movement)이다. 20세기 초반에 일어난 로스앤젤레스 아주사 스트리트의 방언 폭발부터 오순절주의와 하나님의성회의 성장, 로마 가톨릭 교회와 1960년대 개신교 주류 교회에 이르기까지 은사주의의 부흥은 그 신봉자들 사이에 열정적인 헌신의 불꽃과 함께 깊은 신학적 논의를 불러일으켰다. 교회 역사 가운데 은사주의자들이 현대 교회에 끼친 영향력은 무시할 수 없다.

 700 클럽(The 700 Club), 트리니티 방송 네트워크(Trinity Broadcasting Network), PTL 네트워크(PTL Network) 등을 통해서 보듯이 기독교 텔레비전 방송은 은사주의 프로그램이 지배해 왔다.

팻 로버트슨이 1988년에 미국 대통령 후보로 출마한 사실은 은사주의적 기독교가 경험해 온 엄청난 흐름을 부분적으로 보여주었다. 미국의 유명한 방송 설교자였던 짐 베이커와 지미 스웨거의 스캔들이 교회를 뒤흔들었지만, 더 폭넓은 은사주의 부흥 운동을 따르는 사람들의 열정을 잠잠케 하지는 못했다.

은사주의 운동의 역사를 연대기적으로 기술하거나 은사주의 신학의 모든 차원을 평가하는 것은 이 책의 주제를 넘어선다. 그 주제를 다룬 책은 그동안 많이 저술되어왔다.[16] 이 장에서 나는 은사주의, 즉 신오순절주의 신학의 핵심에 놓인 중심 교리인 성령 세례에 초점을 맞출 것이다.

성령 세례 교리

성령 세례에 대한 신오순절주의(Neo-Pentecostal)의 견해를 요약하기 전에, 우선 "오순절주의"(Pentecostal)라는 어근에 "신"(Neo)이라는 접두사를 사용하게 된 역사적인 이론적 근거를 주목해야 한다.

신오순절주의는 고전적인 오순절 신학의 가르침이 수정된 것과 관련되어 있다. "신오순절주의" 또는 "새오순절주의"(New Pentecostalism)는 일반적인 오순절 교회에 자리 잡고 있는 것보다 훨씬 기반이 넓다. 최초의 오순절주의 교파들에서는 성령 세례가 이

---

16. 그 역사를 탁월하게 요약하고 분석한 내용을 원한다면 Frederick Dale Brunner가 쓴 *A Theology of the Holy Spirit*(Grand Rapids: Eerdmans, 1970)을 보라.

른바 성결 운동(Holiness movement, 19세기에 미국 개신교 교회에서 일어난 근본주의 신앙 운동으로 성화 교리를 크게 강조하였다_ 편집자)에 필수인 성화의 개념과 연결되어 있었다.

성결 운동은 (중생에 뒤이어) 즉시 일어나며 완전하거나 "부분적인 완전"을 이끄는 은혜의 두 번째 사역인 성화 개념을 강조하였다. 부분적인 완전주의(partial perfectionism)라는 말이 이상하게 들릴지 모르지만, 그것에는 중요한 특징들이 있다. 사실, 부분적인 완전주의는 부분적인 불완전주의를 함축한다. 불완전주의는 완전주의라는 개념 전체를 어둡게 만드는 경향이 있다. 엄격히 말해서 완전한 것은 어떤 흠이나 결점, 그 밖에 어떠한 형태의 불완전함도 허락하지 않는다.

일부 완전주의자들은 은혜의 두 번째 사역이 완전하고, 순수하며, 철저한 성화를 달성했다고 주장하였다. 그 수령자가 은혜의 사역을 통해 죄에서 완전히 자유로워졌다는 것이다.

그러나 존 웨슬리가 설명한 완전주의는 그 정도까지 이르지는 않았다. 그는 완전주의를 완전한 사랑의 영적인 능력을 받는 것으로 제한시켰다. 아이러니컬하게도 결혼식에서 자주 불리는 "완전한 사랑"(O Perfect Love)이라는 찬송은 원래 웨슬리가 표현한 성화 교리에서 비롯되었다.

그 밖에 성결 운동 지지자들은 "고의적인 죄"에 승리하는 삶을 달성하기 위해 "제2의 축복"의 관점(second blessing, 영적으로 더 성장한 사람에게 성령 세례가 임하며, 그 증거가 방언이라는 이론_ 편집자)을 수정하여 엄격히 제한시켰다. 즉, 누군가 일단 성화에 이르는 성령 세례를 받으면, 그는 여전히 죄를 짓지만 절대로 고의적인 죄를 짓지 않는다는 것이다. 성화된 사람 안에 남아 있는 모든 죄는 우발적이거나 모르고 짓는 죄다. 성령 세례가 한 사람을 성화시키기 때문에, 그는 고의적인 죄에서 자유롭다는 것이다.

일부 교회들이 여전히 그러한 완전주의적인 교리를 가르치고 있지만, 완전의 개념은 전체적으로든 부분적으로든 기독교 주류에 끼지 못했다. 그러한 신학은 하나님의 율법의 엄격한 요구들을 감소시키거나, 영적 성취에 대한 개인의 인식을 부풀리거나 둘 중 하나의 경향으로 나타난다. 자기가 죄 없이 살고 있다고 확신하는 사람은 하나님의 율법을 면밀히 검사하거나 자신의 행위를 면밀하고도 정직하게 검사하기를 피할 수밖에 없다.

위대한 성도들의 삶에서도 여전히 죄가 계속되었다는 증거들을 볼 수 있다. 그렇기 때문에 완전주의 형태가 수정되고, 제한되고, 어느 정도까지 부분적인 완전주의로 제한되는 경향을 보이는 것은 사실상 피할 수 없는 일이다. 물론 그러한 부분적인 완전주의는 불완전주의를 다르게 표현한 용어일 뿐이다.

신오순절주의 신학은 더 이상 도덕적 완전주의와 성령 세례를 연결하지 않는다. 우리는 팻 로버트슨처럼 완전한 성화를 이야기하는 은사주의 지도자를 만나기가 힘들다. 짐 베이커도 완전해진다고 주장하지 않는다.

신오순절주의 신학이 성령 세례에서 강조하는 것은 능력을 받거나 사역을 위한 은사를 받는다는 개념이다. "은사주의"(charismatic, 카리스마틱)라는 단어는 "은사" 또는 "영적 은혜"를 의미하는 신약성경 헬라어에서 파생되었다. "카리스마적"이라는 단어는 매우 폭넓게 사용되고 있어서, 대중 언어를 담은 사전에도 등장한다. 이 단어에 연결된 종교적인 분위기와 상관없이, 뛰어난 연기자나 정치 지도자를 "카리스마적"이라고 부르는 것이다.

신오순절주의 운동이 사실상 모든 기독교 종파에 파고든 이후, 다양한 교회에서 신오순절주의 신학을 형성했다. 예를 들어, 루터교와 성공회 은사주의자들이 그들 나름의 독특한 향취를 지니고 있듯이, 로마 가톨릭 은사주의자들도 그들의 신학에 가톨릭적인 향취를 지니고 있다.

신오순절주의 운동에서 통일된 신오순절주의 신학이 나타나지 않았다는 것은 놀라운 일이 아니다. 신오순절주의가 상당히 많은 전통에 영향을 끼쳤기 때문이다. 따라서 일반 용어로는 그 운동의 전반적인 추세를 설명할 수 없다.

신오순절주의 신학은 기본적으로 성령 세례를 성령의 특별한 사역, 즉 그리스도인이 삶과 섬김을 위해 능력을 부여받는 것으로 보는 경향이 있다. 그리스도인은 성령 세례를 통해서 사역을 돕는 은사를 부여받는다. 이러한 성령의 사역은 성령의 중생 사역과 구별되며, 대부분 중생 사역에 종속된다. 종종 사람들은 성령에 의해서(by) 또는 성령의(of) 세례를 받는 것(중생할 때 일어난다)과, 성령 안에서(in) 또는 성령으로(with) 세례 받는 것(대부분 중생 후에 이어서 일어난다)

을 구별한다. 이러한 구조에서는 모든 그리스도인이 성령에 의해서 세례를 받지만, 모든 그리스도인이 성령 안에서 또는 성령으로 세례를 받지는 않는다.

이 점에 대해서는 신오순절주의자들 사이에서도 의견이 매우 다양한데, 대부분 방언을 성령 세례의 최초 증거로 보는 것은 인정한다.

오순절주의와 오순절

"오순절주의"는 오순절에 교회에 일어난 일을 강조하는 데서 파생된 이름이다. 초기 교회에 나타난 성령의 역사에 대한 기록이 현대 은사주의 운동의 축을 이루고 있다. 오순절주의자는 사도행전에 명시되어 있는 영적 능력과 생명을 되찾기를 간절히 바라고 있다.

> 오순절 날이 이미 이르매 그들이 다같이 한곳에 모였더니 홀연히 하늘로부터 급하고 강한 바람 같은 소리가 있어 그들이 앉은 온 집에 가득하며 마치 불의 혀처럼 갈라지는 것들이 그들에게 보여 각 사람 위에 하나씩 임하여 있더니 그들이 다 성령의 충만함을 받고 성령이 말하게 하심을 따라 다른 언어들로 말하기를 시작하니라 (행 2:1-4).

이 사건을 기록한 뒷부분을 보면 베드로가 이 현상을 보고 당황한 구경꾼들에게 이 사건을 다음과 같이 해석해 주고 있다.

때가 제 삼 시니 너희 생각과 같이 이 사람들이 취한 것이 아니라 이는 곧 선지자 요엘을 통하여 말씀하신 것이니 일렀으되 하나님이 말씀하시기를 말세에 내가 내 영을 모든 육체에 부어주리니 너희의 자녀들은 예언할 것이요 너희의 젊은이들은 환상을 보고 너희의 늙은이들은 꿈을 꾸리라(행 2:15-17).

베드로는 설교 말미에 이렇게 말하고 있다.

이 예수를 하나님이 살리신지라 우리가 다 이 일에 증인이로다 하나님이 오른손으로 예수를 높이시매 그가 약속하신 성령을 아버지께 받아서 너희가 보고 듣는 이것을 부어주셨느니라(행 2:32, 33).

그리고 베드로는 "너희가 회개하여 각각 예수 그리스도의 이름으로 세례를 받고 죄 사함을 받으라 그리하면 성령의 선물을 받으리니"(행 2:38)라고 결론을 내렸다.

사도행전에는 성령을 받은 사건이 더 기록되어 있다. 사도행전 8장에는 사마리아인 회심자들의 체험이 기록되어 있다.

예루살렘에 있는 사도들이 사마리아도 하나님의 말씀을 받았다 함을 듣고 베드로와 요한을 보내매 그들이 내려가서 그들을 위하여 성령 받기를 기도하니 이는 아직 한 사람에게도 성령 내리신 일이 없고 오직 주 예수의 이름으로 세례만 받을 뿐이더라 이에 두 사도가 그들에게 안수하매 성령을 받는지라(행 8:14-17).

바울이 다메섹 도상에서 겪은 극적인 회심의 경우, 그의 회심과 성령 충만 사이에는 사흘의 간격이 있었다(사도행전 9장 1-18절을 보라). 백부장 고넬료의 집에서도 성령을 부어주신 사건이 일어났다.

베드로가 이 말을 할 때에 성령이 말씀 듣는 모든 사람에게 내려오시니 베드로와 함께 온 할례 받은 신자들이 이방인들에게도 성령 부어주심으로 말미암아 놀라니 이는 방언을 말하며 하나님 높임을 들음이러라(행 10:44-46).

이와 비슷한 성령의 부어지심이 사도행전 19장 1-6절에도 나타난다.

아볼로가 고린도에 있을 때에 바울이 윗지방으로 다녀 에베소에 와서 어떤 제자들을 만나 이르되 너희가 믿을 때에 성령을 받았느냐 이르되 아니라 우리는 성령이 계심도 듣지 못하였노라 바울이 이르되 그러면 너희가 무슨 세례를 받았느냐 대답하되 요한의 세례니라 바울이 이르되 요한이 회개의 세례를 베풀며 백성에게 말하되 내 뒤에 오시는 이를 믿으라 하였으니 이는 곧 예수라 하거늘

그들이 듣고 주 예수의 이름으로 세례를 받으니 바울이 그들에게
안수하매 성령이 그들에게 임하시므로 방언도 하고 예언도 하니.

성령의 부으심을 다룬 사도행전 본문들은 신오순절주의의 성령
세례 교리의 기초를 형성하고 있다. 그 교리의 진술에는 다음과 같
은 패턴이 나타난다.

1. 그 사람들은 신자들이었기 때문에 성령 세례를 받기 전에 성령
으로 거듭나 있었다. 이것은 중생에서 성령의 사역과 세례에서
성령의 사역이 구분된다는 것을 가리킨다.
2. 믿음(중생)과 성령 세례 사이에는 시간의 간격이 있다. 이것은 일
부 그리스도인들이 중생하는 정도까지 성령을 소유하고 있는
반면, 그 이후에 일어나는 성령 세례는 여전히 결여하고 있을 수
도 있음을 분명히 지적해 주고 있다.
3. 성령 세례의 최초 외적 증거는 방언이다.

최근 신오순절주의 신학의 옹호자와 전통적인 신학의 옹호자
사이에 벌어지고 있는 성령 세례에 관한 논쟁을 고려할 때, 우리는
1번 내용에 관해서는 중요한 논쟁이 없다는 것을 볼 수 있다. 사실
상, 모든 기독교 교파는 중생에서 성령의 사역(비록 모두가 중생에 대한
이해에 전적으로 동의하지는 않는다 하더라도)과 성령 세례에서의 사역이 다
르다는 데 동의해 왔다. 즉 중생에 대한 이해와 성령 세례에 대한

이해가 각자 다르더라도, 각 교파들은 그 둘이 분명히 다르다는 데는 동의하고 있다.

논쟁의 불꽃을 일으킨 것은 사도행전에 근거하여 나온 두 번째와 세 번째 결론이다. 양 진영은 사도행전에서 성령 세례가 사실상 회심(적어도 일부 사람들에게는) 이후에 일어나고, 방언이 성령 세례의 외적인 징표 또는 증거라는 데 동의한다.

문제는 다음과 같다. "최초의 그리스도인들이 경험한 성령 역사의 결과에 대한 사도행전의 증거 기록이 모든 세대의 교회를 위한 규범이 되도록 의도되어 있는가?"

신오순절주의 신학에서는 성경에 서술된 내용의 목적은 그 당시에 일어난 일이 모든 세대에 규범이 된다는 사실을 가르치는 것이라고 가정한다. 이러한 가정에 의문을 제기하는 것은 얼핏 성경 자체의 권위에 의문을 제기하는 것처럼 보인다. 문제는 성경의 권위가 아니라 성령에 대한 내용이다. 바로 해석의 문제인 것이다.

교회에서 불꽃 튀는 논쟁이 되고 있는 실제 문제는 다음과 같다. "그렇다면 두 부류의 그리스도인들, 즉 성령 세례를 체험한 부류와 체험하지 못한 부류가 있는 것인가?"

교회사 기록 때문에 이 문제는 더 복잡해지고 있다. 일부 그리스도인들이 교회사 전체에 걸쳐 방언과, 중생 이후에 일어나는 성령 세례의 증거가 꾸준히 이어져 왔음을 증명하려고 노력해 온 반면, 교회사는 성령 세례의 증거인 방언이 중단되었다는 것을 압도적으로 증언하기 때문이다.

교회사를 살펴보면 위대한 성도들(아타나시우스, 아우구스티누스, 안셀무스, 토마스 아퀴나스, 마르틴 루터, 존 칼빈, 조나단 에드워즈, 찰스 스펄전 등)의 삶은 성령 안에서 또는 성령에 의해서 세례를 받았다는 사실을 가리키는 방언이 나타나지 않았음을 지적해 주는 것처럼 보인다.[17]

교회사를 보면 여기저기에서 방언이 일어나기는 했지만, 방언은 종종 2세기 몬타누스주의(Montanism)와 19세기 어빙파 운동(Irvingite movement)과 같은 이단 운동과 연결되어 있었다.

방언이 성령 세례의 외적 증거라면, 그리고 성령 세례가 중생 이후 그리스도인의 삶에 일어나는 결정적이고 표준적인 성령의 사역이라면, 교회사에서 대부분의 그리스도인이 그 삶에 없어서는 안 될 이러한 차원을 획득하지 못한 이유가 무엇인가? 최초의 오순절은 오늘날에 이르기까지 기독교사가 수많은 세대를 거쳐 오는 동안 사실상 "실패작"이었는가? (오순절의 목적이 지속적으로 방언의 은사를 부어주는 것이라면, 역사적으로 방언이 중단된 사실은 그 목적을 성취하지 못했음을 가리키는 것이 된다.)

어떤 사람은 종말론적 설명으로 이 질문에 대답해 왔다. 그 설명에 따르면 1세기 현상은 성령의 "이른 비"(Former Rains)를 가리키는 반면, 오늘날 성령의 부으심이나 오순절 부흥(revival of Pentecost)은 성령의 "늦은 비"(Latter Rains)와 그리스도의 재림이 가까워졌음을 가리

---

17. 위대한 성도들이 방언 문제를 무시한 것은 분명 아니다. 루터와 칼빈은 방언을 선교사의 설교와 연결시킨 것처럼 보이기는 하지만, 그 은사에 대해 호의적으로 말했다. 웨슬리도 방언에 대해서 호의적으로 말했다. 그러나 이러한 역동적인 믿음의 사람들이 직접 방언했다는 증거는 존재하지 않는다.

킨다.("비"의 이미지는 요엘 2장 23절에서 온 것이다.)

이러한 이론은 방언이 역사적으로 중단된 문제를 분명히 설명해 줄 것이다. 그러나 그 이론은 사도행전에 기록된 의도가 모든 세대의 그리스도인에게 표준 체험을 전달하는 것이라는 이론을 무효로 만든다.

방언이 역사적으로 중단된 것에 대해 더 설득력 없는 주장이긴 하지만, 과거 그리스도인들은 성령으로 충만해지기 위한 영성 추구에서 충분히 열심을 내지 않았다는 주장도 있다. 물론 가능성이 있는 설명이다. 하지만 과거 일부 성도들의 깊은 영적 열심에 비추어볼 때 그 가능성은 희박해 보인다. 하나님 중심적인 삶을 본으로 보여준 독실한 그리스도인들이 과거에도 있었고 지금도 있지만, 그들 가운데 많은 사람(아마도 대부분)이 방언을 하지 않았다.

이제 다시 문제의 핵심은 신오순절주의의 가정으로 돌아온다. 회심과 성령 세례 사이에 늘 시간 간격이 있고 방언이 성령 세례의 통상적인 외적 표적이 되리라는 사실을 교회에 가르치려는 의도로 사도행전 내용이 기록되었다는 가정 말이다.

나는 여기서 의도적으로 "가정"이라는 말을 사용하고 있다. 성경 어느 곳도 분명하게 방언이 성령 세례의 필연적인 표적이라거나 회심과 성령 세례 사이에 시간 간격이 있어야 한다고 가르치지 않는다. 이 개념들은 그 기록에서 끌어낸 추론이다. 이 추론들은 타당할 수도 있고 그렇지 않을 수도 있다.

내 생각에 이 추론들은 타당하지 않다. 오히려 나는 이 추론들이 교회사에서 오순절이 지니는 온전한 의미를 위험에 빠뜨리고 있다는 사실이 염려스럽다. 오순절주의 신학에 대한 내 불만은 그 신학이 오순절에 대해 보이는 견해가 지나치게 낮은 경향이 있다는 것이다. 신오순절주의 신학은 사도행전의 역사적 의미를 공정하게 평가하지 못하며, 은사를 부여하시는 성령의 사역에 대해 신약성경보다는 구약성경에 나타난 내용에 더 가까운 견해를 전달하고 있다.

구약성경에 나타난 성령의 은사

성령은 구약의 구속 사역에 적극적으로 참여하셨다. 지금과 마찬가지로 구약 시대에도 중생은 믿음의 필수 조건이었다. 예수님은 성령으로 말미암는 중생이 구원에 필수라는 사실을 이해하지 못했다는 이유로 이스라엘의 선생인 니고데모를 책망하셨다.

성령께서는 구약 시대의 신자들을 믿음으로 인도하는 사역에 덧붙여, 특별한 은사 또는 은사적인 능력을 특별한 사람들에게 나눠주셨다. 성경이 성령으로 충만했다고 처음으로 언급하고 있는 최초의 사람들은 장인(匠人)인 브살렐과 오홀리압이다. 그들은 하나님의 신이 충만해져서 여러 가지 공교한 일을 할 수 있었다.

모세가 이스라엘 자손에게 이르되 볼지어다 여호와께서 유다 지파 훌의 손자요 우리의 아들인 브살렐을 지명하여 부르시고 하나님의 영을 그에게 충만하게 하여 지혜와 총명과 지식으로 여러 가지 일을 하게 하시되 금과 은과 놋으로 제작하는 기술을 고안하게 하시며 보석을 깎아 물리며 나무를 새기는 여러 가지 정교한 일을 하게 하셨고 또 그와 단 지파 아히사막의 아들 오홀리압을 감동시키사 가르치게 하시며(출 35:30-34).

이 말씀을 면밀하게 살펴볼 때, 우리는 브살렐과 오홀리압이 인류 역사상 가장 솜씨 있고 다재다능한 예능인이었다는 결론을 내릴 수밖에 없다. 그들은 은세공사, 금세공사, 보석세공인, 석공, 나무 조각가였으며, 가르치는 은사도 소유하고 있었다.

구약 시대에는 특정한 사람들에게 성령이 기름 부어져서 사역을 행할 수 있는 능력을 특별히 부여받았다. 선지자들은 성령의 영감 아래 예언했다. 삼손, 옷니엘, 사무엘과 같은 사사들은 성령의 특별한 기름 부음을 보여준다. 또한 다윗은 밧세바와 지은 죄를 회개하면서 "주의 성령을 내게서 거두지 마소서"(시 51:11)라고 부르짖었다.

메시아라는 단어가 "기름 부음 받은 자"라는 뜻을 지닌 히브리어에서 비롯되었다는 사실을 기억하라. 예수님은 구약에 예언된 메시아의 역할을 성취하셨다. 그분은 세례를 받으실 때, 메시아의 과업을 위해 기름 부음을 받으셨다.

예수께서 세례를 받으시고 곧 물에서 올라오실새 하늘이 열리고 하나님의 성령이 비둘기같이 내려 자기 위에 임하심을 보시더니 (마 3:16).

그 후 나사렛에서 예수님은 이사야의 예언을 사람들에게 환기시키시고, 그 예언이 자신을 통해 성취되었다고 선언하셨다.

주의 성령이 내게 임하셨으니 이는 가난한 자에게 복음을 전하게 하시려고 내게 기름을 부으시고 나를 보내사 포로 된 자에게 자유를, 눈 먼 자에게 다시 보게 함을 전파하며 눌린 자를 자유롭게 하고(눅 4:18).

구약성경에 나타난 가장 극적인 기름 부음은 아마도 모세가 받은 기름 부음일 것이다. 모세는 구약의 중보자였으며, 이스라엘에 율법을 전달하기 위해 하나님이 선택하신 그릇이었다. 그는 성령의 은사적인 능력(Spirit's charismatic power)에 힘입어 이스라엘에 지도력을 행사하였다.

오순절을 이해하는 결정적인 사건이 모세의 삶에 일어났다. 그 사건은 민수기 11장에 기록되어 있다. 이스라엘 자손이 만나를 두고 불평하자 모세는 하나님께 "책임이 심히 중하여 나 혼자는 이 모든 백성을 감당할 수 없나이다"(민 11:14)라고 항의하였다.

그러자 하나님은 모세에게 이렇게 대답하셨다.

여호와께서 모세에게 이르시되 이스라엘 노인 중에 네가 알기로 백성의 장로와 지도자가 될 만한 자 칠십 명을 모아 내게 데리고 와 회막에 이르러 거기서 너와 함께 서게 하라 내가 강림하여 거기서 너와 말하고 네게 임한 영을 그들에게도 임하게 하리니 그들이 너와 함께 백성의 짐을 담당하고 너 혼자 담당하지 아니하리라(민 11:16, 17).

이 구절에서 우리는 성령이 더 많은 사람에게 임하는 모습을 본다. 하나님은 단 한 사람에게만 성령의 은사적인 능력을 제한하는 대신, 70명의 다른 사람들에게 성령을 나눠주신다.

하나님이 성령을 70명에게 나눠주시고, 성령을 받은 이들이 그 능력을 나타냈을 때(민 11:20-27), 여호수아는 모세의 능력과 권위에 대한 이 같은 명백한 침해에 항의하였다. "내 주 모세여 그들을 말리소서"(민 11:28). 그러자 모세는 이렇게 대답했다.

모세가 그에게 이르되 네가 나를 두고 시기하느냐 여호와께서 그의 영을 그의 모든 백성에게 주사 다 선지자가 되게 하시기를 원하노라(민 11:29).

하나님이 여호와의 백성 중 일부만이 아니라 모두에게 성령을 주시길 바란 모세의 간절한 탄원은 요엘의 예언이 되었다.

그 후에 내가 내 영을 만민에게 부어주리니 너희 자녀들이 장래 일을 말할 것이며 너희 늙은이는 꿈을 꾸며 너희 젊은이는 이상을 볼 것이며(욜 2:28).

오순절에 베드로는 이 예언을 인용하였다. 제한된 사람에게 성령이 나눠진 구약의 원칙에 비추어보면, 오순절은 성령이 하나님의 백성 중 일부가 아니라 하나님의 백성 모두에게 부어졌음을 보여준다.

구약 언약의 중보자인 모세와 달리 신약 언약의 중보자인 예수님은 자신의 성령을 자신의 모든 백성에게 나눠주신다. 이 핵심은 오순절주의 신학에 의해서 희미해졌다. 신오순절주의는 하나님의 모든 백성이 성령을 받을 수 있지만, 하나님의 모든 백성이 반드시 성령을 받는 것은 아니라고 가정한다.

여기가 사도행전에 대한 또 다른 해석이 연관된 부분이다. 사도행전의 주축이 되는 구절들을 다시 살펴보기 전에, 약간의 자료를 분석해 보는 것이 유익할 것이다.

신약의 자료 비평학(science of source criticism)은 원본들(original manuscripts)을 편찬하는 데 사용된 자료를 재구성해 보려는 노력으로 다양한 책들을 구체적으로 분석한다. 이 분석의 목적은 쓸데없는 학문적 사색이 아니다. 그러한 분석이 가져다주는 결정적인 보상은 신약성경의 책들을 기록한 개별 기자들의 주요 주제와 관심사를 정확히 밝혀준다는 것이다. 성경을 기록할 때 신약성경 기자들이 의도한 청중뿐 아니라 주된 목적을 식별할 수 있다면, 그들의 가르침을 훨씬 정확하게 이해하는 데 큰 도움이 될 것이다.

예를 들어 학자들은 공관복음서(마태복음, 마가복음, 누가복음)를 분석할 때, 각 저자만의 특유한 자료를 분리할 수 있다. 많은 학자가 마가복음이 가장 먼저 기록되었고, 마태와 누가가 복음서를 쓸 때 마가복음을 앞에 두었으리라고 믿는다. 마가복음에는 마태복음과 누가복음에 중복된 내용이 많기 때문이다.

그와 동시에 마가복음에서는 발견되지 않지만 마태복음과 누가복음에 공통으로 발견되는 자료도 많다. 마가가 손에 넣을 수 없었거나 사용하지 않은 자료를 누가와 마태가 사용했다는 사실은 분명하다. 이 자료를 보통 "Q"라고 부른다(Q는 "자료"를 뜻하는 독일어 "Quelle"의 약어다).

여기서 우리가 관심을 기울여야 할 것은 누가복음에서만 발견되는 자료다. 우리는 그것을 "L"이라고 부른다. "L"은 누가복음이 제공하고 있지만 다른 복음서들에서는 발견되지 않는 정보를 말한다. 이러한 자료를 식별하여 우리는 누가만의 고유한 관심사들을 통찰할 수 있다. (마태복음의 경우, 그 안에 담긴 고유한 자료[보통 "M"이라고 불린다]는 유대인 청중에게 복음을 전하고자 하는 강력한 관심을 보여준다).

누가복음을 검토해 보면 누가복음이 이방인 청중을 위해 기록되었으며, 누가의 주된 관심사가 복음의 보편성을 보여주는 것이라는 사실을 알 수 있다.

성경을 통해 우리는 초기 교회가 교회 내 이방인의 신분 문제에 대한 격렬한(아마도 가장 격렬한) 논쟁 때문에 심하게 괴로워했다는 사실을 알 수 있다. 사도행전에서 밝히듯이, 처음에 유대인들과 더불어 시작된 교회는 주로 바울의 선교 여행을 통해서 이방세계로 확산되었다.

누가가 사도행전도 기록했다는 사실을 염두에 두는 것은 중요하다. 그는 교회 안에서 이방인의 역할을 두고 벌어진 중대한 논쟁을 깊이 의식하고 있었다.

사도행전은 형태상 그리스도의 지상명령을 따르고 있다.

> 오직 성령이 너희에게 임하시면 너희가 권능을 받고 예루살렘과 온 유대와 사마리아와 땅 끝까지 이르러 내 증인이 되리라 하시니라(행 1:8).

사도행전 연대기는 다음과 같은 기독교 확장 패턴을 따르고 있다.
"예루살렘-유대-사마리아-이방 세계"

그 이야기는 예루살렘에서 일어난 사건들과 더불어 시작되고, 그 다음으로 선교 사역을 통해 외부로 확장되고 있다.

오순절은 유대적인 사건이다. 그 사건은 예루살렘에서 일어났다. 오순절은 그 자체가 유대인의 절기다. 오순절은 다음과 같은 사람들이 지킨 절기였다.

> 그때에 경건한 유대인들이 천하 각국으로부터 와서 예루살렘에 머물러 있더니(행 2:5).

그 유대인들은 오순절을 지키기 위해서 예루살렘에 왔다.

오순절 사건에서 주목해야 할 중요한 사실은 "그들이 다 성령의 충만함을 받았다"(행 2:4)는 것이다. 이 구절을 보면 일부 유대인 신자들은 성령을 받지 못했다는 증거가 전혀 없다. 그리고 일부는 열심히 은사를 추구한 반면, 다른 일부는 은사를 얻지 못했다는 증거도 전혀 없다. 모든 유대인 신자가 오순절의 성령 부으심을 체험한 것이다.

성령의 부으심을 기록한 사도행전의 다른 사건들에도 같은 현상이 나타나 있다. 사도행전에는 성령께서 내려오셨을 때 신자 그룹에 속한 어떤 신자는 약속된 성령을 받지 못했다는(또는 부분적으로만 받았다는) 기록이 존재하지 않는다. 성령께서는 포괄적으로 무조건 임하신다.

네 가지 "오순절"

초기 교회에서 그리스도의 몸에 온전히 포함되는 문제는 단순히 유대인과 이방인이라는 두 가지 폭넓은 일반 그룹에만 해당되는 문제가 아니었다. 그 당시 교회는 신분상 서로 구별되는 네 그룹이 불화하고 있었다.

이 네 그룹은 유대인, 사마리아인, 하나님을 경외하는 자, 이방인이다. 하나님을 경외하는 자들은 유대교로 개종한 이방인으로, 유대교의 교의(敎義)를 받아들이지만 할례를 받지 않은 채 남아 있기로 선택하여 온전한 회심에 이르지 못한 사람들이다. 사도행전

10장을 보면 고넬료가 하나님을 경외하는 자라는 사실을 분명히 알 수 있다.

> 가이사랴에 고넬료라 하는 사람이 있으니 이달리야 부대라 하는 군대의 백부장이라 그가 경건하여 온 집안과 더불어 하나님을 경외하며 백성을 많이 구제하고 하나님께 항상 기도하더니(행 10:1, 2).

사도행전에 기록된, 성령을 받은 네 가지 (오순절) 형태가 교회에서 신분이 문제시되고 있던 네 그룹을 정확하게 포함한다는 사실은 매우 놀랍다.

유대인은 오순절에 성령을 받았다. 사마리아인은 빌립과 베드로와 요한이 사역하는 중에 성령을 받았다(사도행전 8장). 하나님을 경외하는 자들은 고넬료의 집에서 성령을 받았다(사도행전 10장). 마지막으로 에베소에서는 순전히 이방인에게만 성령이 부어졌다(사도행전 19장). 이 네 그룹 모두, 그리고 각 그룹에 소속된 사람들 모두가 성령의 부으심을 받은 것이다.

그러나 여전히 다음과 같은 문제가 남는다. "이 사건들의 의미가 무엇인가?" 신오순절주의는 그 의미를 회심과 성령을 받는 것과 방언을 하는 것 사이의 시간 지연에서 찾고 있다.

그러나 그것은 누가가 이 사건들을 통해서 강조한 의미가 아니다. 사도들 자신이 이 사건들에서 얻은 주된 메시지가 아닌 것이다.

사도들은 이 사건들을 어떻게 해석하였는가? 그 핵심이 사도행전 10장에 나타나 있다.

베드로가 이 말을 할 때에 성령이 말씀 듣는 모든 사람에게 내려오시니 베드로와 함께 온 할례 받은 신자들이 이방인들에게도 성령 부어주심으로 말미암아 놀라니 이는 방언을 말하며 하나님 높임을 들음이러라 이에 베드로가 이르되 이 사람들이 우리와 같이 성령을 받았으니 누가 능히 물로 세례 베풂을 금하리요 하고 명하여 예수 그리스도의 이름으로 세례를 베풀라 하니라 그들이 베드로에게 며칠 더 머물기를 청하니라(행 10:44-48).

이 본문에서 유대인 신자들은 이방인들이 성령을 받은 사실을 보고 놀라고 있다. 이 사실에서 베드로는 이 회심자들을 교회의 완전한 구성원으로 받아들여야 한다는 것을 분명하게 깨달았다.

베드로는 "누가 능히 물로 세례 베풂을 금하리요?"라고 물었다. 그리고 그는 그들에게 세례를 주라고 명하였다. 이 말에서 신약 교회의 포괄성(all-inclusiveness)이라는 누가의 웅대한 주제가 빛을 발한다. 하나님 나라에는 이류 시민(second-class citizen)이 있을 수 없다. 그렇기 때문에 유대인과 사마리아인, 하나님을 경외하는 자와 이방인이 모두 성령 세례를 받은 것이다.

오순절 사건에 나타난 표준적인 사실은 성령께서 하나님의 백성 모두에게 세례를 주신다는 것이다. 즉 사도행전에서 회심과 세례 사이에 시간 지연이 있었다는 사실은 표준이 아닌 것이다. 이렇게 다양한 "오순절들"이 구별되어 일어난 데에는 분명한 구속사적 이유가 있다.

이 사건들은 교회 내 네 그룹이 동등하다는 사실을 분명히 보여주었다. 사도행전 19장에서 바울은 에베소 교인에게 이렇게 물었다. "너희가 믿을 때에 성령을 받았느냐"(2절).

그 질문을 던지는 것으로 바울은 에베소 교인들이 회심할 때 오순절 체험을 할 수 있다는 가능성을 명백하게 제기한 셈이다. 그리고 그 질문은 적어도 그 시점에서 바울이 표준적인 시간 지연 개념을 갖고 있지 않았다는 사실을 보여준다. 그는 시간 지연의 필연성이 아닌 가능성을 인정한 것이다.

방언이 성령 세례의 필수 증거라는 주장은 어떤가?

사도행전 본문들을 볼 때, 방언의 은사가 성령 충만의 외적 표식 구실을 했다는 것은 분명하다. 민수기 11장에서 갑자기 무아지경 속에 예언한 일을 통해 엘닷과 메닷이 성령을 받은 사실이 나타났듯이, 방언은 개인에게 성령이 임한 사실을 분명하게 보여주었다.

그러나 예수님은 기름 부음을 받으시는 중에 성령이 비둘기처럼 내려오시는, 외적인 광경이 나타났다(마 3:16).[18] 오순절에는 청각적인 표징뿐 아니라 가시적인 표징이 나타났다. 즉 성령으로 충만

---

18. 예수님의 세례 기사는 비둘기를 성령의 상징으로 사용하는 기초가 되고 있다. 평화의 상징(노아 방주 기사에 나오는 비둘기에 기초한)이 되기도 하는 비둘기는 성령의 상징으로도 나쁘지 않다. 그러나 그것은 분명히 능력의 개념을 잘 전달하지 않는다. 세차게 부는 바람이 훨씬 좋은 상징이다. 게다가 성경에서 바람과 성령은 많은 연관이 있다. 오순절 기사가 보여주듯이, 불 또한 적절한 상징이다. 그러나 불은 바람과 비둘기처럼 인격의 개념을 전달하지 못한다. 안타깝게도 시각적인 차원에서는 적절한 성령의 상징이 없다.

해진 각 사람이 앉은 자리에 불의 혀 같은 것이 갈라지는 광경이 나타난 것이다.

이러한 가시적인 표징이 여기저기 나타났는데도, 그 표징들이 성령 충만의 필연적 또는 표준적 척도로 간주되지 않은 것은 분명한 사실이다.

바울이 고린도전서에서 고린도 교회의 문제를 논의하면서 증거했듯이 교회의 삶에 방언이 계속되었더라도, 고린도전서가 기록된 시기에 이르러서는 방언이 은사를 받았다는 것을 보여주는 필수적인 표징으로 간주되지 않고 있었음이 틀림없다.

고린도전서에서 바울은 방언이 하나님의 선물이며, 따라서 유익하지만 교회에서 지나치게 높은 지위를 차지해서는 안 된다고 자세히 말한다. 바울은 자신의 견해를 이런 식으로 밝히고 있다.

> 내가 너희 모든 사람보다 방언을 더 말하므로 하나님께 감사하노라 그러나 교회에서 네가 남을 가르치기 위하여 깨달은 마음으로 다섯 마디 말을 하는 것이 일만 마디 방언으로 말하는 것보다 나으니라(고전 14:18, 19).

사도 바울이 제시하는 비율은 5 대 10,000이다. 바울은 다른 곳에서 다음과 같은 질문을 던지고 있다. "다 방언을 말하는 자이겠느냐"(고전 12:30). 여기서는 명백하게 대답하지 않는다. 그러나 어떤 대답일지는 전혀 의심할 여지가 없다. 바울의 질문은 해석의 여지를 남기지 않는다. 이러한 형태의 질문에는 한 가지 대답이 있을 뿐이다. 즉, "그렇지 않다"는 것이다.

고린도 교회에서는 성령의 은사가 매우 분명하게 성행하고 있었다. 그러나 바울은 다시 한 번 성령께서 자신의 백성에게 다양한 은사를 주신다는 사실을 자세히 밝히고 있다.

> 은사는 여러 가지나 성령은 같고 직분은 여러 가지나 주는 같으며 또 사역은 여러 가지나 모든 것을 모든 사람 가운데서 이루시는 하나님은 같으니 각 사람에게 성령을 나타내심은 유익하게 하려 하심이라 어떤 사람에게는 성령으로 말미암아 지혜의 말씀을, 어떤 사람에게는 같은 성령을 따라 지식의 말씀을, 다른 사람에게는 같은 성령으로 믿음을, 어떤 사람에게는 한 성령으로 병 고치는 은사를, 어떤 사람에게는 능력 행함을, 어떤 사람에게는 예언함을, 어떤 사람에게는 영들 분별함을, 다른 사람에게는 각종 방언 말함을, 어떤 사람에게는 방언들 통역함을 주시나니 이 모든 일은 같은 한 성령이 행하사 그의 뜻대로 각 사람에게 나누어주시는 것이니라(고전 12:4-11).

성령께서는 주권적으로 자신의 교회에 은사를 주신다. 교회는 은사를 받은 지체들로 이루어진 몸이다. 그 지체들은 통일성과 다양성의 구조에서 그 기능을 수행한다. 우리는 어떤 직분이나 은사를 성령이 나타나신 것을 드러내는 배타적 표징의 차원까지 높여

서는 안 된다. 바울은 더 나아가 이렇게 진술하고 있다.

우리가 유대인이나 헬라인이나 종이나 자유인이나 다 한 성령으로 세례를 받아 한 몸이 되었고 또 다 한 성령을 마시게 하셨느니라(고전 12:13).

데일 브루너는 이 구절을 이렇게 주석한다.

이 구절이 그리스도 안에서 받는 세례를 넘어 일부 그리스도인에게만 차후에 이차적으로 일어나는 분리된 성령 세례를 언급한다고 해석된다면, 본문의 "다 한 성령으로…… 다 한 성령을……"이라는 단어뿐 아니라 고린도 교회의 배경에서 그 본문이 기록된 목적을 곡해하게 된다. …… 바울은 고린도전서 12장 13절에서 일부 그리스도인만이 받는 보편적 세례를 가르치고 있는 것이 아니다. 성령을 통해서 모든 사람에게 주어지는 은혜로운 기독교적 세례를 가르치고 있다.[19]

오순절의 의미에 대한 성경적 해석은 성령 세례에 대한 신오순절주의적 이해에 부정적인 영향을 끼치고 있다. 성령께서는 사람들을 중생케 하시는 동시에 그들 모두에게 세례를 주시고 채우시

---

19. Frederick Dale Bruner, *A Theology of the Holy Spirit* (Grand Rapids: Eerdmans, 1970), p. 292.

며, 사역할 수 있는 능력을 부여하신다.

이것이 오순절의 기쁜 소식이다. 성령께서는 하나님의 구속 계획에 따라 모든 그리스도인에게 사역에 합당한 은사를 부여하셨다. 교회 전체가 높은 곳에서 임하는 능력을 부여받은 것이다. 차원이 다른 두 부류의 그리스도인(은사를 받은 그리스도인과 받지 못한 그리스도인, 성령 세례를 받은 그리스도인과 받지 못한 그리스도인)이 있는 것이 아니다.[20]

근래에는 성령 세례와 방언 체험이 자신의 영적 생활을 극적으로 변화시켰다고 선언하는 그리스도인의 간증을 풍부하게 들을 수 있다. 그들은 더 열심히 담대하게 간절히 기도한다. 사람들은, 체험이 있는 사람은 절대로 논거가 있는 사람에게 휘둘리지 않는다고 말한다.

나는 성령을 체험한 사람들과 다투고 싶지 않다. 오히려 믿음과 기도의 열심이 늘어났다는 말을 들으면 기쁘다. 단지 내가 관심을 갖는 것은 체험의 의미 자체가 아니라 체험의 의미를 어떻게 이해하느냐다. 그 체험에 대한 해석이 종종 성경에 어긋나는 경향을 보이기 때문이다.

우리의 권위는 체험이 아니라 하나님 말씀이다. 교회 안의 사람들 모두가 성령 안에서 같은 체험을 하지는 않는다. 그렇다고 해서 그들이 같은 성령을 소유하고 있지 않다는 뜻은 아니다. 바로 이 문제가 고린도 교회를 몹시 철저하게 괴롭혔다.

---

20. 많은 그리스도인과 오순절주의자는 다른 성령의 은사들, 즉 치유, 예언, 지도력, 환대, 분별, 권면, 해석 등을 강조한다. 많은 그리스도인이 방언을 성령 세례의 유일한 증거로 간주하게 된 것은 불행한 일이다.

나는 교회의 모든 구성원이 성령을 소유하고 있다고 말하는 것은 아니다. 가시적인 교회의 교인 자격은 구원을 보장해 주지 못하듯, 성령 세례도 보장해 주지 않는다. 알다시피 교인이지만 그리스도인이 아닌 사람도 있다.

비그리스도인은 성령 세례를 받지 못하지만, 중생한 모든 그리스도인은 성령 세례를 받는다. 오순절부터 오늘날에 이르기까지 모든 그리스도인은 성령으로 말미암아 중생하고, 성령 안에서 세례를 받는다. 그것이 오순절의 의미가 지닌 본질이다. 그 본질에 이르지 못하는 모든 것은 구속사에서 오순절이 갖는 거룩한 중요성에 그림자를 드리운다. 중생한 모든 사람은 성령의 인 침을 받고, 성령 안에서 세례를 받았으며, 성령의 보증을 소유하고 있다.

Chapter 9

성령의 열매

하나님은 우리에게 성령의 은사를 주심으로 우리를 인 치셨다. 하나님의 모든 자녀는 같은 인을 지니고 있으며, 같은 성령이 내주하신다. - 톰 리스

성령의 은사는 매혹적이고도 자극적이다. 은사를 받은 사람이 된다는 것은 우리의 성취나 재능으로 인해 동료들에게 칭송받는다는 것이다. 이런저런 이유로 우리 문화에서는 성령의 은사가 성령의 열매보다 훨씬 주목받고 있다. 성령의 열매는 사람들이 좋아하는 은사들의 그늘에 감춰진 채 세상에 알려지지 않을 운명에 처한 것처럼 보인다.

그러나 우리가 성화 과정에서 진보하고 있다는 표징이 되는 것은 다름 아닌 성령의 열매다. 물론, 하나님은 우리가 성령께서 주신 은사들을 책임 있게 사용할 때 기뻐하신다. 그러나 나는 자신의 백성이 성령의 열매를 나타낼 때 하나님이 훨씬 기뻐하신다고 생각한다.

바울은 갈라디아 교인들에게 "너희는 성령을 따라 행하라 그리하면 육체의 욕심을 이루지 아니하리라"(갈 5:16)고 권면하고 있다.

그리스도인의 삶은 순례 여행이다. 성경이 비유한 묘사를 보면, 그 순례는 도보 여행이다. 보행은 비교적 속도가 느린 이동 방식이다. 우리는 대부분 달팽이가 기어가는 속도로 이 여행을 이어나가고 있다. 우리는 유혹이라는 장애물 코스를 뛰거나 도약해서 통과하지 못한다. 우리가 나아가는 것을 방해하는 장벽들도 있다. 순간마다 육신의 과속방지턱을 직면하는 것이다. 다시 한 번 바울은 이렇게 쓰고 있다.

> 육체의 소욕은 성령을 거스르고 성령은 육체를 거스르나니 이 둘이 서로 대적함으로 너희가 원하는 것을 하지 못하게 하려 함이니라(갈 5:17).

이 구절을 보면 싸움이 벌어지고 있다. 옛 사람이 새사람과 싸우고 있는 것이다. 육신의 죄악 된 본성이 성령의 영향력을 억누르기 위해 싸우고 있다. 비록 내면적이고 비가시적이기는 하지만, 그 싸움을 통해 일어나는 살육(殺戮)의 분명한 외적 표징이 존재한다. 성령이 승리를 거둘 때, 우리는 성령의 열매를 보게 된다. 육신이 승리할 때에도, 외적 증거를 보게 된다.

바울은 성령의 열매를 상세하게 설명하기 전에, 육신의 일을 설명했다. 육신의 일은 성령의 열매와 완전한 대조를 이룬다.

육체의 일은 분명하니 곧 음행과 더러운 것과 호색과 우상 숭배와 주술과 원수 맺는 것과 분쟁과 시기와 분 냄과 당 짓는 것과 분열함과 이단과 투기와 술 취함과 방탕함과 또 그와 같은 것들이라 전에 너희에게 경계한 것같이 경계하노니 이런 일을 하는 자들은 하나님의 나라를 유업으로 받지 못할 것이요 (갈 5:19-21).

육신의 일 목록은 두 가지 이유로 매우 중요하다.

첫째, 그 목록은 이미 언급된 성령의 열매와 대조되는 일들을 제시한다. 둘째, 그 목록은 바울이 거듭 강조하고 있는 죄악 된 관습들을 식별하고, 중생한 자와 잃어버린 자의 특성을 기술한다. 물론, 구원받은 사람도 한동안 이러한 죄에 빠질 가능성이 있다. 위대한 성도들에게서도 이따금 그러한 각 죄가 분명하게 드러났다. 그러나 그 죄들은 그리스도인의 특징이 될 수 없다. 이 목록이 누군가의 생활방식을 특징 짓고 있다면, 그것은 그가 구속받지 못했다는 증거다.

이 목록은 몹시 불길한 경고를 전달하고 있다. 그렇기 때문에 언급된 죄들을 간단히 정의하는 것이 중요하다.

음행 가장 처음 언급된 음행은 십계명에서 7계명을 어기는 죄다. 음행은 결혼한 사람들 가운데 불법적인 성관계를 통해 결혼의 신성함을 더럽히는 것을 포함한다.

간음 간음은 주로 결혼하지 않은 사람들 사이의 성관계를 말한다.

대부분 혼전 성관계와 연관되어 있다. 그러나 이 본문에서는 불법적인 성관계를 포함한 더 폭넓은 의미를 갖고 있다(동성애도 간음에 포함된다).

더러운 것 이 말에는 성적인 의미가 함축되어 있다. 통속적으로 "더럽다"고 부르는 행동을 반영한다.

호색 억제와 통제를 받지 않는, 난잡하고 제멋대로인 생활방식을 말한다.

우상 숭배 이방의 우상이나 거짓 신들을 경배하는 것이다. 넓은 의미에서 우상 숭배는 물질 소유 숭배와 같은 것을 포함할 수 있다.

주술 마술의 관습과 강신술, 예언, 점성술 등처럼 금지된 관습에 개입하는 것이다.

원수 맺는 것 적대적이고, 원한을 품으며, 사랑하지 않는 성격을 반영한다.

분쟁 분쟁은 싸우기 좋아하는 태도에 나타난다. 분쟁하는 사람은 논쟁적이고 호전적이다. 그는 싸울 기세를 갖추고 있다.

시기 시기는 다른 사람들의 업적이나 승리를 경멸하는 자기중심적인 정신을 반영한다. 그것은 사랑 없음을 드러낸다.

(원수 맺는 것, 분쟁, 시기는 아마 그리스도인들이 좋아하는 죄들일 것이다. 쉽사리 감추거나 교묘히 둘러대어 모면할 수 있기 때문이다.)

분 냄 발끈 화를 내는 성격을 가리킨다.

당 짓는 것 다른 사람들을 희생시켜서 개인적인 이익을 얻으려는 무정한 욕망을 담고 있다.

분열 이것은 정당한 반대 의견들을 배제하지 않는다. 오히려 그룹 안에서 끊임없이 말다툼하고, 싸우고, 불화를 초래하면서 다투기 좋아하는 정신이다.

이단 근본적인 의미는 확립된 진리에 어긋나는 의견들을 고의적으로 선택하는 것을 말한다. 그것은 단순히 신학적 오류만 말하는 것이 아니다. 태도와 행동상 오류를 언급할 수도 있기 때문이다.

투기 다른 사람 것을 갖고 싶어하는 것이다. 투기에는 특정한 혜택을 누리는 사람들에게 악의를 품는 것도 해당될 수 있다.

살인 이것은 설명이 필요 없다. 물론 대부분의 그리스도인은 공공연한 살인자가 아니다. 그러나 형제를 미워하는 데 대한 그리스도의 말씀(마 5:22)을 기억하라.

술 취함 무절제하게 술에 빠지는 것이다. 약물 남용도 여기에 해당한다.

방탕함 무절제한 유흥이나 시끌벅적한 술잔치를 즐기는 난잡한 생활방식을 말한다.

이어서 바울은 이러한 육신의 일과 대조되는 성령의 열매를 설명한다.

오직 성령의 열매는 사랑과 희락과 화평과 오래 참음과 자비와 양선과 충성과 온유와 절제니 이 같은 것을 금지할 법이 없느니라(갈 5:22, 23).

이 말씀에서 바울은 진정한 의(義)의 본보기를 보여주고 있다. 그 열매는 성령의 열매라 불린다. 그 열매는 우리 안에서 나오는 어떤 것이다. 그러나 그것은 우리 자신으로 말미암지 않는다. 우리는 육신일 뿐이다. 육신은 더 육적인 것만 낳는다. 육신의 행위는 육신의 열매다. 육신은 전혀 도움이 되지 않는다. 마르틴 루터는 "전혀"(nothing)란 "거의"(little something)가 아니라고 선언하였다.

콩 심은 데 콩이 나고, 팥 심은 데 팥이 나는 법이다. 자손(progeny)은 거듭 개체를 발생한다(ontogeny). 성령만이 성령의 열매를 맺으실 수 있다. 우리는 성령 없이도 솜씨 좋은 설교자가 될 수 있다. 육신을 따라 신학 천재가 될 수도 있다. 은혜를 떠나서도 웅변가가 될 수 있다. 그러나 성령의 열매의 유일한 근원은 우리 안에 계시는 성령의 역사다.

성령의 열매가 우리의 의로움을 평가하는 가장 높은 기준으로 간주되지 않는 것은 우연이 아니다. 우리는 다른 기준을 더 좋아한다. 우리 안에 육적인 것이 매우 많이 자리 잡고 있기 때문이다. 열매의 시험은 너무 높다. 우리는 그 열매를 맺을 수 없다. 그래서 우리는 기독교 하부 문화(Christian subcultures) 안에서 우리가 더 성공적인 존재로 평가받을 수 있을 만한 더 수월한 시험들을 격상시키고 싶어한다. 성령에 약간의 육신을 혼합한다면, 우리는 훨씬 수월하게 서로와 경쟁할 수 있는 것이다.

우리를 우리의 사랑으로 평가하기란 얼마나 힘든 일인가? 제발 나를 온유의 잣대로 평가하지 말라. 인내를 성장 척도로 삼기에 나는 매우 성급하다. 나로서는 참는 것보다 실교하는 편이 더 쉽다. 화평을 실천하기보다는 화평에 관한 책을 쓰는 편이 더 쉽다.

겉으로 보기에 성령의 열매는 상식적인 미덕 목록처럼 보인다. 칼빈은 중생하지 않은 이교도들도 어느 정도까지 나타낼 수 있는 미덕들을 언급하였다. 그리고 그것을 자연인이 성취하는 "세상의 의"(civil righteousness)라고 설명하였다. 타락한 피조물도 하나님의 보편 은혜로 말미암아 외적인 형태의 의를 나타내기 때문이다.

외적인 의는 겉으로는 하나님의 율법과 일치하지만, 하나님의 사랑을 실천하려는 마음의 동기가 없다. 비그리스도인들은 자연스러운 애정에 의해서만 사랑한다. 불신 남편도 아내에게 자연스러운 애정을 품고 있다. 불신 어머니도 자녀에게 자연스러운 애정을 품고 있다. 세속적인 음악은 이러한 사랑의 미덕을 칭송한다.

그러므로 성령의 열매로 언급된 미덕들은 불경건한 사람들에게서도 나타날 수 있다. 아돌프 히틀러도 다른 사람들에게 친절한 순간들이 있었다. 스탈린도 일시적으로는 온유한 모습을 보였다. 모세 시대의 이집트 왕도 종종 인내하였다. 오늘날 모르몬교도는 절제로 유명하다.

바로 이것이 문제다. 비그리스도인이 성령의 열매로 소개한 미덕들을 나타낼 수 있다면, 이러한 미덕들이 존재한다는 사실이 어떻게 성령께서 우리 안에 임재하신다는 것이라고 할 수 있는가? 성령의 열매 중 한 가지가 외적으로 나타난다고 해서, 그것이 곧 중생의 증거는 아니다.

그리스도인들이 진정한 경건의 척도를 다른 곳에서 찾는 경향을 나타내는 것은 "세상의 의"와 성령의 열매를 혼동하기 쉽기 때문일 것이다. 그러나 성경은 우리가 이러한 유혹에 굴복하도록 내버려두지 않는다. 성령은 진정한 열매를 맺는다. 우리가 삶 가운데 구해야 할 것은 성령의 역사다. (그리스도인들은 종종 웅변적인 설교, 저술 등의 관심사에 초점을 맞춘다. 비그리스도인도 자비롭고, 온유하고, 화평할 수 있기 때문이다. 겸손하게 선을 행하는 것[성령의 열매를 나타내는 것]은 뛰어난 설교자나 종교 저술가, 복음성가 가수가 되는 것보다 덜 극적이지만, 더 경건한 것일 수 있다.)

우리는 세상의 의와 성령의 열매를 분별하는 법을 배워야 한다. 그 차이는 정도의 차이를 넘어선다. 그것은 종류의 차이기도 하다. 성령의 열매는 비범하고 비상하다. 예를 들자면 그것은 보편적인 사랑과 비범한 사랑, 일반적인 사랑과 특별한 사랑, 자연적인 사랑과 초자연적인 사랑의 차이다.

사랑

성령으로 말미암는 사랑이라는 열매는 초월적인 사랑이다. 그 사랑은 자연적인 애정이라는 평범한 미덕을 초월한다. 그것은 성경의 아가페 사랑, 즉 고린도전서 13장에 묘사된 사랑이다.

사랑스러운 사람을 사랑하는 것과 원수를 사랑하는 것은 전혀 다르다. 자연적인 사랑은 불순물이 많이 섞인 금과 같다. 이기적인 이해관계가 닿으면 그 사랑은 녹이 슨다. 또한 그 사랑에는 질투와

무례함이라는 불순물이 섞여 있다. 그 사랑은 일관성이 없다.

바울은 고린도전서 13장에서 사랑은 시기하지 않고, 자랑하지 않으며, 교만하지도 않다고 말한다. 또한 사랑은 무례히 행치 않고, 자기의 유익을 구치 않고, 쉽게 성을 내지 않는다. 악한 것을 생각하지 않고, 불의를 기뻐하지 않는다.

사랑은 단순히 음주, 춤, 화장, 영화, 카드놀이 등을 절제하는 것으로 정의되지 않는다. 십자가를 요구한 것은 립스틱이 아니라 질투였다. 대속을 요구한 것은 포커가 아니라 탐욕이었다. 속죄를 요구한 것도 영화가 아니라 교만이었다.

어떤 사람은 진정한 사랑이란 "조건 없는 사랑"이라고 묘사한다. 이 개념은 순금 동전이든가 사기꾼의 가방에 들어 있는 금빛 돌이든가 둘 중 하나다. 그 개념이 순수한 것인가 아니면 거짓된 것인가는 그것이 어떻게 이해되느냐에 달려 있다.

강단에서 온화하게 미소 지으면서, "하나님이 여러분을 있는 모습 그대로 받아주십니다"라고 확신시키는 설교자는 엄청난 거짓말을 하는 것이다. 하나님 나라의 요구 조건은 무척 엄격하다. 사랑의 복음은 달콤한 은혜로 보기 좋게 꾸며져서는 안 된다. 하나님은 교만한 사람을 교만한 모습 그대로 받아주시지 않는다. 그분은 회개하지 않는 사람에게서 등을 돌리신다. 하나님은 분명히 타락한 피조물에 대한 사랑을 보여주신다. 그러나 그 사랑은 거룩한 요구들을 담고 있다. 우리는 회개하는 심령으로 무릎을 꿇고 그분께 나아가야 한다.

조나단 에드워즈는 사랑을 이런 식으로 묘사하였다.

사랑이 기독교의 총체(總體)라면, 사랑을 무너뜨리는 것들은 분명히 그리스도인에게 적합하지 않을 것이다. 시기하는 그리스도인, 악의에 찬 그리스도인, 차갑고 냉혹한 그리스도인은 가장 큰 불합리이자 모순이다. 마치 어두운 밝음 또는 거짓된 진리라고 말하는 것과도 같다.

나의 스승인 존 거스너 박사가 사도 바울의 생애에 나타난 아가페에 대해 말한 적이 있다. 그는 바울의 이름을 구성하는 네 문자(PAUL)를 사용하여 바울의 특징을 묘사한 이합체시(離合體詩)를 만들었다.

P는 오염되었음(Polluted)을 나타낸다. 바울이 자신을 죄인 중의 괴수로 묘사했기 때문이다. A는 그의 사도 직분(Apostolic office)을 나타낸다. 그중에서 우리의 논의와 연관되는 것은 U와 L이다. U는 진리에 대한 바울의 비타협적 헌신(Uncompromising commitment to truth)을, L은 바울의 사랑(Love)을 나타낸다.

거스너 박사는 바울의 비타협적 헌신과 사랑을 이렇게 표현하고 있다. "바울이 양보하지 않으면서 사랑하고 있었다는 말이 아니다. 또는 그가 양보하지 않았지만 사랑하고 있었다는 것도 아니다. 오히려 우리는 그가 양보하지 않았으며, 그렇기 때문에 사랑하고 있었다고 말하는 것이다."

영적인 사랑은 하나님으로 말미암는 사랑이다. 우리가 하나님을 사랑할 수 있는 것은 그분이 먼저 우리를 사랑하셨으며, 그분의 사랑이 우리 마음에 부어졌기 때문이다. 이 사랑은 자연적인 애정을 초월한다. 그 사랑은 성령 하나님으로 말미암아 변화된 마음에서 흘러나온다.

희락

희락도 성령의 열매다. 이 희락은 우리가 좋아하는 팀이 슈퍼볼(Super Bowl, 프로 미식축구의 왕좌 결정전_옮긴이)에서 승리했을 때 순간적으로 느끼는 감정이 아니다. 또는 "포근한 강아지가 주는 행복"도 아니다.

초월적인 아가페 사랑처럼 그리스도인의 희락은 초월적인 희락, 축복으로 말미암는 희락이다. 비그리스도인도 미소를 자아내는 긍정적인 감정을 체험한다. 그러나 아름다운 구원의 희락을 체험한 비그리스도인은 아무도 없다.

성령의 희락은 영원하다. 올해 슈퍼볼을 차지한 팀이 다음 시즌에는 플레이오프전에 진출하지 못할 수도 있다. 포근한 강아지도 땅에 묻히면 싸늘하게 식어버린다. 반면, 구원의 희락은 영원하다. 그리스도께서 우리를 위해 이루신 승리는 주기적인 것이 아니다. 우리 구주께는 "성적이 좋지 않은 해"라는 것이 있을 수 없다.

성령의 희락은 유쾌하게 할 뿐 아니라 견고하다. 그 희락은 고난

속에서도 지속된다. 깊이가 있으며, 영혼을 관통한다. 절망을 추방하고 비관론을 쫓아낸다. 성령의 희락은 교만이 없는 확신과 허세가 없는 용기를 낳는다. 나사렛 예수는 눈물을 흘리실 수 있었다. 그러나 그분의 눈물도 그분이 아버지 집에서 누리시던 희락을 빼앗을 수는 없었다.

우리는 소망 가운데 즐거워한다. 우리의 소망은 몽상가의 환상이 아니라 구속받은 자의 확신이다. 그것은 "담대하라 내가 세상을 이기었노라"(요 16:33)고 말씀하신 구주의 명령을 들을 귀가 있는 사람의 희락이다.

화평

성령의 화평 또한 초월적이다. 그 화평은 모든 유대인이 갈망한 샬롬(shalom)이다. 그것은 마르틴 루터가 세속적인 화평이라고 부른 것, 즉 이스라엘의 거짓 선지자들이 말한 화평을 넘어선다. 그것은 유화 정책을 통해서 얻는 비겁한 화평이 아니다. 영원한 승리를 통해 이루어지는 화평이다. 지상의 전쟁들이 끝나고 평화 조약이 조인될 때, 거기에는 언제나 불편한 휴전 상태가 남는다. 사소한 칼 소리조차 새로운 전쟁을 알리는 신호가 될 수 있는 냉전 상태가 항상 유지되는 것이다.

발코니에 기대 선 채 네빌 체임벌린(Neville Chamberlain, 영국 정치가이자 외교관)이 "우리는 우리 시대에 화평을 달성하였다"고 선언한 말은 예수님이 식탁에 기대앉으신 채 하신 말씀과는 엄청난 차이가 있다.

> 평안을 너희에게 끼치노니 곧 나의 평안을 너희에게 주노라 내가 너희에게 주는 것은 세상이 주는 것과 같지 아니하니라 너희는 마음에 근심하지도 말고 두려워하지도 말라(요 14:27).

그리스도께서 남기신 유산은 평안이다. 이 평안은 우리가 평강의 왕에게 받은 기업이다. 그 누구도 우리에게서 빼앗을 수 없는 영원한 평안이다.

성령께서는 우리에게 내적인 화평, 즉 지각을 초월하는 화평을 주신다. 성령께서 주시는 화평은 마음의 화평보다 무한할 정도로 가치 있다. 그것은 스토아학파의 침착함과 에피쿠로스학파의 쾌락(ataraxia)을 초월한다. 그 화평은 우리의 칭의에서 흘러나온다.

의롭다 하심을 얻은 우리는 하나님과 더불어 화평을 누리고 있다. 우리는 복음을 듣고 받아들였다. 우리는 하나님의 나팔 소리를 들었다.

> 위로하라 내 백성을 위로하라 너희는 예루살렘의 마음에 닿도록 말하며 그것에게 외치라 그 노역의 때가 끝났고 그 죄악이 사함을 받았느니라 그의 모든 죄로 말미암아 여호와의 손에서 벌을 배나 받았느니라 할지니라(사 40:1, 2).

역사상 가장 끔찍한 전쟁은 성령 하나님과 그분의 고집 센 피조물이 벌인 전쟁이다. 그리스도인에게는 그 싸움이 단번에 끝났다. 우리는 계속 죄를 범하고, 하나님의 마음을 거스를 수 있다. 성령을 근심케 할 수도 있다. 그러나 그분은 절대로 우리에게 다시 전쟁을 선언하지 않으실 것이다. 그 사실은 우리를 위한 십자가 위에서 확증되었다.

인내

인내는 성령의 열매다. 이 미덕은 하나님의 성품을 반영한다. 인내에는 불끈하는 성격 때문에 폭발적으로 화를 낼 여지가 없다. 좀처럼 화를 내지 않는다. 다른 사람들의 모욕과 악의를 견뎌낸다. 인내는 판단하는 정신에 관해서는 아무것도 모른다.

"비록 하나님이 나를 죽이실지라도 나는 그를 신뢰할 것이다"(욥 13:15, 현대인의성경)라고 선언하는 욥에게서 우리는 인내라는 성품을 볼 수 있다.

인내는 기다리는 능력이 있다. 기다리는 것은 어려운 일이다. 우리는 비행기와 버스를 기다린다. 편지와 손님을 기다린다. 그리스도의 재림을 기다린다. 우리를 변호해 주시리라는 그분의 약속이 성취되길 기다린다.

그리스도인은 실용주의 정신을 거부한다. 그는 장기간의 목표들을 따라 살고, 편의주의를 피한다. 하늘에 보화를 쌓으며, 기꺼이 하나님의 때를 기다린다.

성령은 사람들에게 인내하신다. 그분이 주시는 열매 때문에 우리는 서로 오래 참을 수 있다. 우리는 형제들에게 그 즉시 성화될 것을 요구하지 않는다. 인내와 오래 참음은 형제의 눈에서 티를 보고 비난하지 않는다. 인내와 오래 참음은 허다한 죄를 덮는 사랑과 결합되어 있다.

자비

예수님은 강하신 동시에 부드러우셨다. 강하고 교만한 자들을 만나셨을 때, 그분은 목숨을 빌거나 사정없이 해치우지 않으셨다. 또한 약하고 상처 입은 자들을 만나셨을 때는 부드러우셨다. 그분은 절대로 상한 갈대를 꺾지 않으셨으며, 부드러운 말로 죄인을 꾸짖으셨다. 그분은 범죄한 여인에게 "나도 너를 정죄하지 아니하노니 가서 다시는 죄를 범하지 말라"(요 8:11)고 말씀하셨다.

온 세상의 심판자는 가혹하지 않으셨다. 그분은 정죄하기를 기뻐하지 않으셨다.

자비는 은혜의 덕이다. 그것은 기꺼이 자신의 능력과 권세를 억제하는 것이다. 자비는 약자들을 짓밟지 않으며, 사려 깊고 친절하다. 그리고 자비는 공의를 누그러뜨려 너그럽게 심판한다.

양선

양선은 기본적인 인격적 성실함을 포함한다. 그 성령의 열매는 정직한 인격을 증진한다. 양선은 상대적인 용어다. 어떤 것 또는 어떤 사람의 선함은 기준에 따라 달라진다. 양선의 궁극적 기준은 하나님의 성품이다. 그래서 예수님이 젊은 부자 관원에게 "네가 어찌하여 나를 선하다 일컫느냐 하나님 한 분 외에는 선한 이가 없느니라"(눅 18:19)고 말씀하신 것이다.

그러나 양선이라는 속성은 성령께서 역사하시는 삶 속에 심겨진다. 그분은 우리 안에서 양선을 만들어내신다. 그 결과, 우리가 행하는 최선의 행위들이 여전히 죄에 오염되어 있는데도 우리 안에서 진정한 변화가 일어난다. 우리는 구원을 통해서 용서뿐 아니라 치유를 받는다. 성령께서는 지금도 우리를 건강하게 만들고 계신다.

하나님은 그리스도의 의를 전가하셔서 우리를 의롭다 선언하실 뿐 아니라 우리를 자신이 선언하시는 모습으로 만드시기 위해 우리 안에 거하신다. 성화는 칭의의 결과다. 성화는 우리의 칭의만큼 실제적이다. 그리고 그 성화의 열매가 양선인 것이다.

충성(faithfulness)

믿음(faith)은 하나님의 은사다. 그리고 동시에 성령의 열매다. 우리가 구원을 받는 믿음은 우리 자신의 행위로 말미암지 않는다. 그 믿음은 하나님에게서 임한다. 그러나 그것은 우리에게 임하고, 우리에 의해 실행된다. 성령께서는 우리 안에서 믿음을 만들어내신다. 이것이 루터가 말한 피데스 비바(fides viva), 즉 순종의 행위를 낳는 살아 있는 믿음이다.

믿음은 신뢰다. 그 의미는 하나님의 존재를 믿는 것을 훨씬 넘어선다. 그것은 하나님을 믿는 것을 의미한다. 성령의 열매는 우리의 목숨을 내걸고 하나님을 신뢰하는 것을 포함한다.

그러나 믿음의 열매는 신뢰 이상이다. 그것은 우리가 믿을 만한 존재가 되는 것을 뜻한다. 믿음의 사람은 신뢰하는 사람일 뿐 아니라 신뢰받을 수 있는 사람이다. 그의 "예"는 "예"를 의미하고, "아니오"는 "아니오"를 의미한다. 그는 자신의 말을 지킨다. 자신의 청구서를 지불한다. 자신의 의무를 다 한다. 성실하며, 충성스럽다. 충성은 그의 인격의 표지다.

온유

온유는 경건한 미덕이다. 온유한 사람은 신사다. 진정한 신사란 그리스도를 닮은 사람이다. 여성 잡지 여론 조사 결과는 여성이 남성에게 바라는 두 가지 미덕이 강함과 부드러움이라는 사실을 거듭 보여주고 있다.

온유를 약함과 혼동해서는 안 된다. 모세는 온유한 사람이었다. 즉, 그는 겸손한 성품의 소유자였다. 그는 자신이 어떤 존재인지 알고 있었으며, 교만하지 않고 담대하였다. 온유한 자에게는 땅이 기업으로 약속되어 있다. 온유는 자비의 뒷면이다. 그 둘은 겸손한 영에 의해 서로 맺어진다. 하나님은 겸손한 자들에게 은혜를 주신다. 그리고 은혜는 더 많은 은혜를 낳는다.

절제

성령의 마지막 열매는 절제다. 절제는 다른 미덕들에서 흘러나온다. 음란, 과격, 사치 등은 절제와 어울리지 않는다. 여기서는 온건한 수준의 절제가 나타나고 있다. 성령은 무례하거나 강압적이지 않으시다. 그분은 과격하거나 거칠지도 않으시다.

성령의 은사이자 경건의 참된 표징인 이 열매들은 성숙한 그리스도인의 삶에 탁월하고도 생생하게 나타나는 미덕이다. 우리 주님이 우리가 기르길 원하시는 미덕이다. 그와 동시에 이것들은 하나님의 선물이다. 하나님은 우리 안에 있는 이러한 특성들을 보상해 주신다. 그것은 그 특성들이 우리 자신의 의에서 우러나기 때문이 아니라 아우구스티누스가 말하고 있듯이, "하나님이 자신의 선물들로 보답하기를 기뻐하시기" 때문이다.

Chapter 10

"또 다른" 보혜사

인간은 자기 마음으로부터 사랑을 버릴 수 있지만, 하나님은 결코 그렇게 하지 않으실 것이다. - 윌리엄 쿠퍼

예수님은 돌아가시기 전날 밤, 다락방에서 제자들을 만나셨다. 고난에 들어가시기 전, 그분은 친구들과 함께 유월절을 기념하길 간절히 바라셨다. 우리는 예수님이 그런 때에 친구들에게 위로받고 격려받길 기대하셨을 것이라고 예상할 것이다. 그러나 예수님은 오히려 그들을 위로하셨다.

그 다락방에서 예수님은 성령과 그분의 사역을 길게 설명하셨다. 예수님은 이 강화에서 성령을 보내주실 것을 약속하셨다.

> 내가 아버지께 구하겠으니 그가 또 다른 보혜사를 너희에게 주사 영원토록 너희와 함께 있게 하리니 그는 진리의 영이라 세상은 능

히 그를 받지 못하나니 이는 그를 보지도 못하고 알지도 못함이라 그러나 너희는 그를 아나니 그는 너희와 함께 거하심이요 또 너희 속에 계시겠음이라 내가 너희를 고아와 같이 버려두지 아니하고 너희에게로 오리라(요 14:16-18).

여기서 예수님은 "또 다른 보혜사"를 언급하고 계신다. "조력자" 또는 "위로자"로 번역되는 그 단어는 헬라어 파라클레테(paraclete)다.

우리가 주목해야 할 첫 번째 사실은 예수님이 "또 다른" 보혜사를 약속하고 계신다는 것이다. 이것은 약속된 보혜사가 처음 모습을 나타내는 것이 아님을 의미한다. "또 다른" 것이 존재하려면, 적어도 그것에 선행하는 것이 있어야 하기 때문이다.

내가 이 문제를 자세히 밝히는 이유는 교회 언어에서 성령을 보혜사라고 부르는 것이 통례이기 때문이다. 사실 보혜사라는 호칭은 거의 성령에게만 사용되고 있다.

그러나 우리는 성령이 "그" 보혜사는 아니라고 주장해야 한다. 그 보혜사는 예수 그리스도이시다. 예수님의 보혜사 역할은 그분의 초기 사역에서 매우 중요하다. 성령의 호칭은 예수님이 계시지 않을 때 역사하시는 "또 다른 보혜사"다. 성령은 그리스도의 "대리인" 또는 "교체자"로 보냄을 받으신다. 성령은 이 땅에서 가장 높은 그리스도의 대리자이신 것이다.

보혜사 예수

예수님의 보혜사 역할을 이해하기 위해 누가복음의 출생 기사를 살펴보자. 예수님이 예루살렘에 등장하신 기록에서 우리는 다음과 같은 말씀을 읽을 수 있다.

예루살렘에 시므온이라 하는 사람이 있으니 이 사람은 의롭고 경건하여 이스라엘의 위로를 기다리는 자라 성령이 그 위에 계시더라(눅 2:25).

본문에서 "이스라엘의 위로"라는 문구는 강림하시는 메시아를 언급하는 용어로 사용되었다. 시므온은 "주의 그리스도를 보기 전에는 죽지 아니하리라"(눅 2:26, 헬라어 "그리스도"와 히브리어 "메시아" 두 단어 모두 "기름 부음 받은 자"라는 뜻이다)는 약속을 받았다.

구약 유대교에서 "이스라엘의 위로자"라는 개념은 메시아의 구원을 향한 소망을 표현한다. 자신의 백성을 위로하는 것은 하나님의 사역이다. 하나님은 슬픔을 위로로 바꾸실 수 있다.

너희의 하나님이 이르시되 너희는 위로하라 내 백성을 위로하라 너희는 예루살렘의 마음에 닿도록 말하며 그것에게 외치라 그 노역의 때가 끝났고 그 죄악이 사함을 받았느니라 그의 모든 죄로 말미암아 여호와의 손에서 벌을 배나 받았느니라 할지니라 하시니라(사 40:1, 2).

자신의 백성을 위로하시는 하나님의 이미지는 목자의 이미지로도 표현되어 있다.

그는 목자같이 양 떼를 먹이시며 어린 양을 그 팔로 모아 품에 안으시며 젖먹이는 암컷들을 온순히 인도하시리로다(사 40:11).

예루살렘을 위로하는 하나님은 위로하는 어머니의 이미지와 연결되어 있다.

예루살렘을 사랑하는 자들이여 다 그 성읍과 함께 기뻐하라 다 그 성읍과 함께 즐거워하라 그 성을 위하여 슬퍼하는 자들이여 다 그 성의 기쁨으로 말미암아 그 성과 함께 기뻐하라 너희가 젖을 빠는 것같이 그 위로하는 품에서 만족하겠고 젖을 넉넉히 빤 것같이 그 영광의 풍성함으로 말미암아 즐거워하리라 여호와께서 이와 같이 말씀하시되 보라 내가 그에게 평강을 강같이, 그에게 뭇 나라의 영광을 넘치는 시내같이 주리니 너희가 그 성읍의 젖을 빨 것이며 너희가 옆에 안기며 그 무릎에서 놀 것이라 어머니가 자식을 위로함 같이 내가 너희를 위로할 것인즉 너희가 예루살렘에서 위로를 받으리니(사 66:10-13).

하나님은 자신의 백성을 위로하시기 위해 가장 위대한 위로자이신 그분의 고난받는 종을 보내셨다. 이사야는 하나님의 종의 역할을 이렇게 묘사하고 있다.

주 여호와의 영이 내게 내리셨으니 이는 여호와께서 내게 기름을 부으사 가난한 자에게 아름다운 소식을 전하게 하려 하심이라 나를 보내사 마음이 상한 자를 고치며 포로 된 자에게 자유를, 갇힌 자에게 놓임을 선포하며 여호와의 은혜의 해와 우리 하나님의 보복의 날을 선포하여 모든 슬픈 자를 위로하되 무릇 시온에서 슬퍼하는 자에게 화관을 주어 그 재를 대신하며 기쁨의 기름으로 그 슬픔을 대신하며 찬송의 옷으로 그 근심을 대신하시고 그들이 의의 나무 곧 여호와께서 심으신 그 영광을 나타낼 자라 일컬음을 받게 하려 하심이라(사 61:1-3).

예수님은 산상수훈에서 "애통하는 자는 복이 있나니 그들이 위로를 받을 것임이요"(마 5:4)라는 말씀으로 이 표현을 일부 되풀이하셨다.

메시아가 하신 사역에는 위로의 사역이 포함된다. 메시아는 상처 입은 사람들을 치유하고 슬픈 자를 위로하기 위해 임하신다. 보혜사는 메시아, 즉 예수님 자신이다. 그분은 이 세상을 떠나실 때 비로소 "또 다른" 보혜사를 보내주겠다고 선언하셨다.

보혜사란 무엇인가

그리스도의 사역에서 위로의 역할을 간략하게 살펴보았다. 이제 위로의 기본 개념에서 보혜사라는 호칭 자체에 주목해 보자.

"보혜사"라는 용어는 고대 세계에서 풍부하고 다양하게 사용되었다. 접두사 파라(para)와 어근 칼레인(kalein)에서 파생된 이 단어는 합쳐져서 "곁으로 부르심을 받은 자"라는 뜻을 갖고 있다.

고대 세계에서 보혜사란 법정에서 도움을 주도록 호출받은 사람을 말한다. 보혜사는 어떤 사람의 소송을 변호한 법적인 조언자였다. 바로 이것이 요한일서에 "대언자"라고 사용된 단어의 핵심 의미다.

> 나의 자녀들아 내가 이것을 너희에게 씀은 너희로 죄를 범하지 않게 하려 함이라 만일 누가 죄를 범하여도 아버지 앞에서 우리에게 대언자가 있으니 곧 의로우신 예수 그리스도시라(요일 2:1).

이때 "대언자"로 번역된 단어가 보혜사다. 이 구절에서 보혜사라고 불린 분은 성령이 아니라 예수님이라는 것은 명백하다.

이 구절에서 보혜사는 하나님의 심판대 앞에 선 대언자이시다. 신약성경은 우리가 하나님의 심판대 앞에 서게 될 때, 그 심판을 주관하시는 분이 예수님이라는 엄청난 진리를 전하고 있다. 그와 동시에 우리의 법정이 지명한 변호사 또한 예수님이 되실 것이다. 우리의 재판관이 동시에 우리의 변호사가 되신다는 사실을 알고 확신할 때, 우리는 법정에 서기를 두려워하지 않게 된다.

스데반이 돌에 맞아 죽은 사건에서 우리는 예수님의 보혜사 역할이 생생하게 묘사된 기록을 읽을 수 있다.

> 백성과 장로와 서기관들을 충동시켜 와서 잡아가지고 공회에 이르러 거짓 증인들을 세우니 이르되 이 사람이 이 거룩한 곳과 율법을 거슬러 말하기를 마지 아니하는도다(행 6:12, 13).

스데반은 날조된 죄목으로 재판을 받으며 놀림감이 되고 있었다. 지상의 회중은 인민재판을 벌이고 있었다. 스데반이 자신을 변호하는 연설을 하자 재판관들은 "그 말을 듣고 마음에 찔려 그를 향하여 이를 갈며"(행 7:54) 격분하였다.

분노와 적대감으로 가득한 지상의 재판관들은 스데반에게 비난을 퍼부었다. 바로 그 순간, 스데반은 하늘 법정이라는 놀라운 환상을 보았다.

> 스데반이 성령 충만하여 하늘을 우러러 주목하여 하나님의 영광과 및 예수께서 하나님 우편에 서신 것을 보고 말하되 보라 하늘이 열리고 인자가 하나님 우편에 서신 것을 보노라 한대(행 7:55, 56).

스데반은 "보라!"고 말했다. 자신이 누리고 있던 영광스러운 환상에 정신이 팔려 이성을 잃은 것이 아니라면, 스데반은 자신을 정죄하는 자들에게 "보라!"라고 말하는 것만큼 쓸데없는 일이 없다는 것을 깨달았을 것이다. 아마 그들은 스데반에게 보이신 하나님을 볼 수 없었을 것이다.

"보라!" 이 흥분어린 외침 너머 스데반이 실제로 본 결정적으로 중요한 광경이 펼쳐져 있었다. 그는 하나님 보좌 우편에 계신 예수님을 보았다.

교회에는 "그리스도의 재위"(在位, Session of Christ, 라틴어 $sessio$에서 온 말이다)라는 중요한 교리가 있다. 그리스도의 재위는 하나님 보좌 우편에 앉으신 그리스도의 높아진 지위를 말한다. 이러한 재위는 그리스도께서 우주의 권세를 부여받으셨다는 사실을 함축한다. 그분은 탁월한 권세의 보좌를 차지하고 계신다. 예수님은 하나님 보좌 우편에서 왕의 통치와 사법적 권세를 실행하고 계신다. 그분은 왕이신 동시에 재판관이시다.

그러나 스데반의 환상에 나타나신 예수님은 앉아 계시지 않았다. 그분은 서 계셨다. 보통 재판관은 법정에서 판사석에 앉아 있다. 재판관이 자리에서 일어나는 것은 법정에 들어오고 나갈 때뿐이다. 재판 중에 재판관은 자리에 앉아 있다. 재판이 진행되는 동안 검사는 증인들을 심문하거나, 배심원에게 말을 하거나, 판사석에 가까이 가기 위해 자리에서 일어난다. 마찬가지로 변호사도 변호할 차례가 되면 자리에서 일어난다.

스데반의 환상이 지닌 가장 큰 아이러니는 신학적인 이단이라는 이유로 세상 법정이 그에게 사형을 선고한 바로 그 순간, 신학의 왕(Prince of Theology)이신 주님이 하늘 법정에서 일어나셔서 성부께 스데반을 변호하고 계셨다는 것이다. 예수님은 스데반의 대언자로서 자리에서 일어나셨다. 그분은 하늘에 계신 스데반의 보혜사셨다.

예수님이 스데반을 위해 행하신 일은 독립된 사건이 아니다. 예수님은 자신의 모든 백성을 위해 같은 일을 행하고 계신다. 그분은 지금도 우리의 대언자가 되신다.

성부 앞에서 우리의 대언자가 되시는 예수님의 역할은 몹시 중요하다. 따라서 우리는 보혜사로서 성령의 사역을 분명히 이해해야만 한다.

성령은 우리의 "또 다른" 보혜사, 우리의 거룩한 대언자이시다. 성령은 보혜사 역할을 감당하시는 중에 한 가지 과업 이상을 수행하신다.

우선 성령께서는 성부께 기도를 드리셔서 우리를 도우신다.

> 이와 같이 성령도 우리의 연약함을 도우시나니 우리는 마땅히 기도할 바를 알지 못하나 오직 성령이 말할 수 없는 탄식으로 우리를 위하여 친히 간구하시느니라 마음을 살피시는 이가 성령의 생각을 아시나니 이는 성령이 하나님의 뜻대로 성도를 위하여 간구하심이니라(롬 8:26, 27).

기도에서 중요한 요소는 우리의 기도가 하나님의 뜻에 따라 드려져야 한다는 것이다. 기도는 그 자체가 예배의 한 형태다. 하나님은 우리에게 영과 진리로 예배할 것을 요구하신다. 성부와 더불어 두 보혜사를 누리고 있는 것과 마찬가지로 우리는 성부와 더불어 두 중보자를 소유하고 있다. 성령은 우리가 하나님께 합당한 기도를 드릴 수 있도록 도우신다.

대중적으로 흔히 변호사나 대변인을 "마우스피스"(mouthpiece)라고 부른다. 하나님이 이스라엘을 애굽에서 탈출시키도록 모세를 부르셨을 때, 모세는 두려움에 사로잡혀 있었다. 그는 자신이 연설자로서 부적당하다고 생각해서 고민하고 있었다.

> 모세가 여호와께 아뢰되 오 주여 나는 본래 말을 잘 하지 못하는 자니이다 주께서 주의 종에게 명령하신 후에도 역시 그러하니 나는 입이 뻣뻣하고 혀가 둔한 자니이다 여호와께서 그에게 이르시되 누가 사람의 입을 지었느냐 누가 말 못 하는 자나 못 듣는 자나 눈 밝은 자나 맹인이 되게 하였느냐 나 여호와가 아니냐 이제 가라 내가 네 입과 함께 있어서 할 말을 가르치리라(출 4:10-12).

모세가 계속 항의하자, 하나님은 아론이 대변자가 되어줄 것이라고 약속하셨다.

> 너는 그에게 말하고 그의 입에 할 말을 주라 내가 네 입과 그의 입에 함께 있어서 너희들이 행할 일을 가르치리라 그가 너를 대신하

여 백성에게 말할 것이니 그는 네 입을 대신할 것이요 너는 그에게 하나님같이 되리라(출 4:15, 16).

이 구절에서 우리는 인간의 입을 만드신 분이 혀짤배기 자녀들을 도우시기 위해 자신을 낮추시는 모습을 본다. 성령께서는 성부 앞뿐 아니라 인간들 앞에서도 우리의 보혜사가 되신다. 하나님이 구약에서 모세에게 하신 약속은 신약의 모든 하나님의 자녀에게도 약속되어 있다.

예수님은 제자들에게 위기의 순간에 그들이 사람들 앞에 서서 말할 때 성령께서 도와줄 것이라고 약속하셨다.

> 사람들이 너희를 끌어다가 넘겨줄 때에 무슨 말을 할까 미리 염려하지 말고 무엇이든지 그때에 너희에게 주시는 그 말을 하라 말하는 이는 너희가 아니요 성령이시니라(막 13:11).

그 다음으로 우리는 성령께서 이 세상의 법정뿐 아니라 하나님 앞에서 우리의 대언자 또는 보혜사로 섬기고 계심을 볼 수 있다.

그와 동시에 성령께서는 우리를 변호하시고, 죄에 대하여 세상을 책망하신다. 그분은 우리의 변호사이신 동시에 세상에 대해서는 검사 역할을 수행하고 계신다.

> 그가 와서 죄에 대하여, 의에 대하여, 심판에 대하여 세상을 책망

하시리라 죄에 대하여라 함은 그들이 나를 믿지 아니함이요 의에 대하여라 함은 내가 아버지께로 가니 너희가 다시 나를 보지 못함 이요 심판에 대하여라 함은 이 세상 임금이 심판을 받았음이라(요 16:8-11).

그 다음으로 우리는 보혜사로서 성령이 하시는 역할 가운데 그분의 주요 과업이 법정적인 것 또는 합법적인 것을 볼 수 있다. 성령의 활동에서 이러한 차원은 그분의 본질과 속성과 일치한다. 그분은 진리의 영이자 거룩의 영이시다. 성령께서는 그리스도의 진리를 증거하신다. 예수님에 대한 불신은 죄다. 세상은 불신의 죄로 책망을 받는다. 성령께서는 세상을 정죄하는 동시에 그리스도를 통해 우리를 변호하신다. 성령께서는 언제나 진리와 의의 편에 서 계신다.

보혜사와 위로

보혜사가 하시는 중요한 역할이 "변호사"라는 사실에서 우리는 이 사실이 위로 또는 위안이라는 개념과 어떻게 연결되는지 궁금해진다.

이미 살펴보았듯이, 이스라엘의 위로라는 용어와 보혜사라는 호칭은 언어적으로 연결되어 있다. 위로라는 단어와 보혜사라는 단어는 둘 다 같은 단어 형태("위로"는 헬라어로 파라클레시스[parklesis]다)에서 파생되었다.

성령의 위로 사역과 하나님과 인간 앞에서의 중보 사역을 구분하는 것은 중요하지만, 그 둘을 분리시킬 수는 없다. 우리가 위로를 누리는 부분적인 이유는 우리가 환난을 당할 때 성령께서 우리 곁으로 부름 받으신다는 사실을 분명히 알고 있기 때문이다.

그러나 염두에 두어야 할 또 한 가지 매우 중요한 구분이 있다. 우리는 주로 위로나 위안을 상처 입은 뒤에나 받는 것으로 생각한다. 어머니는 우는 아이를 위로한다. 성령께서도 우리가 애통해할 때 우리를 위로하신다.

성령께서는 분명히 하나님의 백성을 섬기는 이러한 자비로운 일들을 행하신다. 성령은 지각을 초월하는 평강의 창조주이시다. 그러나 성령께서는 보혜사 역할을 감당하실 때, 우리가 상처 입기 전에 우리를 도우시는 어떤 일을 행하고 계신다. 그분은 싸움 후에 우리를 위로하실 뿐 아니라 싸움 전에 우리에게 힘을 주시기 위해 역사하신다.

영어 성경의 옛 역본들에는 보혜사라는 호칭이 보통 "위로자"(Comforter)로 번역되어 있다. 우리가 지닌 대부분의 현대 역본들은 그 단어를 "조력자"(Helper) 또는 "조언자"(Counselor)로 대체했다.

이것은 옛 역본들에 오류가 있다는 사실을 보여주는 것이 아니다. 오히려 그것은 인간의 언어가 지닌 가변성에 주목하게 한다. 우리의 보편적인 화법은 대중적인 어법이 변하면서 변화를 겪게 마련이다.

"위로하다"라는 단어를 이해하는 과정에서도 비슷한 일이 일어났다. 우리는 "위로"라는 단어를 거의 전적으로 자비로운 도움을 통해 우리의 슬픔과 애통을 돌본다는 의미로 생각한다. 위로를 뜻하는 "comfort"는 라틴어에서 왔다. 그 단어는 "함께"라는 뜻을 지닌 전치사 "*com*"과 "강한"이라는 뜻을 지닌 어근 "*fortis*"로 이루어져 있다. 그러므로 원래 "힘과 함께"(with strength)라는 뜻을 갖고 있었다. 따라서 위로자는 싸움 후에 위안을 주기보다는 싸울 힘을 주기 위해 오신 분인 것이다.

물론 성령께서는 두 가지 일을 다 행하신다. 그분은 상처 받고, 패배하고, 애통하는 사람들에게 가장 자비로운 위로의 근원이 되신다. 그러나 약속된 보혜사에 대해 강조되고 있는 것은 그분이 우리에게 오셔서 싸울 힘과 도움을 주시리라는 것이다.

우리는 종종 "그건 내 강점(forte)이 아닙니다"라는 표현을 듣는다. 어떤 사람이 그런 말을 할 때, 그는 자신이 특정 영역에서 약하다고 선언하는 것이다.

강점은 보통 힘의 동의어로 사용된다. 성경적 관점에서 우리의 강점은 바로 성령이시다. 그분은 우리가 힘을 끌어내게 하시는 분이다. 약속된 성령이 오셔서 우리 안에 거하시며, 성경이 선언하듯이 우리와 함께 서 계시기 때문이다.

> 그러나 이 모든 일에 우리를 사랑하시는 이로 말미암아 우리가 넉넉히 이기느니라(롬 8:37).

우리는 독일의 철학자 니체가 기독교를 비판한 말에서 역사의 아이러니를 발견하게 된다. 니체는 기독교가 약자의 종교라고 불평하였다. 기독교는 사람들로 하여금 가장 근본적인 욕구인 "권력에의 의지"(will to power)를 부인하게 만든 종교라는 것이다.

하나님의 죽음을 선언한 니체는 하나님이 연민 때문에 죽었다고 말했다. 동정, 자비, 마음 약한 소심함이 기독교가 세상에 남겨준 유산이라는 것이다. 니체는 초인(超人)에 의해 도래될 새로운 인간성을 요청하였다. 그는 초인의 주요 특성은 용기가 될 것이라고 말했다. 그리고 무엇보다도 초인이 정복자가 될 것이라고 말했다.

여기에 로마서 8장의 아이러니가 있다. 바울은 우리가 "능히 이기는 자"(more than conquerors)라고 말하였다. 이 표현은 휘퍼니콘(hupernikon)이라는 헬라어에서 온 것이다. 전치사 휘퍼(huper)는 "hyper"라는 영어와 대칭된다.

문자적으로, 바울은 그리스도인들이 단순한 정복자가 아니라 "초정복자"(hyperconquerors)라고 쓰고 있다. 휘퍼니콘은 라틴어로 *supervincemus*다. 그러므로 그 라틴어도 실제로는 "우리는 초정복자다"라고 번역된다.

니체가 초인들을 찾고 있었다면, 그는 반드시 성령 하나님의 능력과 임재로 강해진 사람들을 기대해야 한다. 성령은 힘을 가지고 우리 곁으로 부르심을 받은 분이다.

사실상, 우리 그리스도인은 우리 자체로는 약한 무리다. 그러나 우리는 그리스도께서 자신의 교회에게 주신 약속을 새로이 듣게 된다.

오직 성령이 너희에게 임하시면 너희가 권능을 받고 예루살렘과 온 유대와 사마리아와 땅 끝까지 이르러 내 증인이 되리라 하시니라(행 1:8).

THE MYSTERY OF THE HOLY SPIRIT

사명선언문

너희가 흠이 없고 순전하여……세상에서 그들 가운데 빛들로
나타내며 생명의 말씀을 밝혀 _ 빌 2:15-16

1. 생명을 담겠습니다
만드는 책에 주님 주신 생명을 담겠습니다.
그 책으로 복음을 선포하겠습니다.

2. 말씀을 밝히겠습니다
생명의 근본은 말씀입니다.
말씀을 밝혀 성도와 교회의 성장을 돕겠습니다.

3. 빛이 되겠습니다
시대와 영혼의 어두움을 밝혀 주님 앞으로 이끄는
빛이 되는 책을 만들겠습니다.

4. 순전히 행하겠습니다
책을 만들고 전하는 일과 경영하는 일에 부끄러움이 없는
정직함으로 행하겠습니다.

5. 끝까지 전파하겠습니다
모든 사람에게, 땅 끝까지, 주님 오시는 그날까지
복음을 전하는 사명을 다하겠습니다.

서점 안내

광화문점 서울시 종로구 새문안로 69 구세군회관 1층
02)737-2288 / 02)737-4623(F)

강남점 서울시 서초구 신반포로 177 반포쇼핑타운 3동 2층
02)595-1211 / 02)595-3549(F)

구로점 서울시 동작구 시흥대로 602, 3층 302호
02)858-8744 / 02)838-0653(F)

노원점 서울시 노원구 동일로 1366 삼봉빌딩 지하 1층
02)938-7979 / 02)3391-6169(F)

일산점 경기도 고양시 일산서구 중앙로 1391 레이크타운 지하 1층
031)916-8787 / 031)916-8788(F)

의정부점 경기도 의정부시 청사로47번길 12 성산타워 3층
031)845-0600 / 031)852-6930(F)

인터넷서점 www.lifebook.co.kr